Título original: *Les Animaux de l'Extrême*
© 2006, Bayard Éditions Jeunesse
© 2007, de esta edición, Combel Editorial, S.A.
Casp, 79 · 08013 Barcelona
Tel.: 902 107 007
Adaptación: CÁLAMO&CRAN, S.L. (Elena Gallo)
Segunda edición: octubre 2008
ISBN: 978-84-9825-183-8
Impreso en Singapur

La colección ImagesDoc ha sido concebida a partir del fondo editorial de la revista,
en estrecha colaboración con la redacción. ImagesDoc es una revista mensual
editada por Bayard Jeunesse.

Edición: Emmanuelle Petiot · Diseño gráfico: David Alazraki
con la participación de Studio Bayard Éditions Jeunesse
Maqueta: Arielle Cambessédès

Nathalie Tordjman • Anne-Laure Fournier le Ray

Animales al Límite

DISCARD

Combel
EDITORIAL

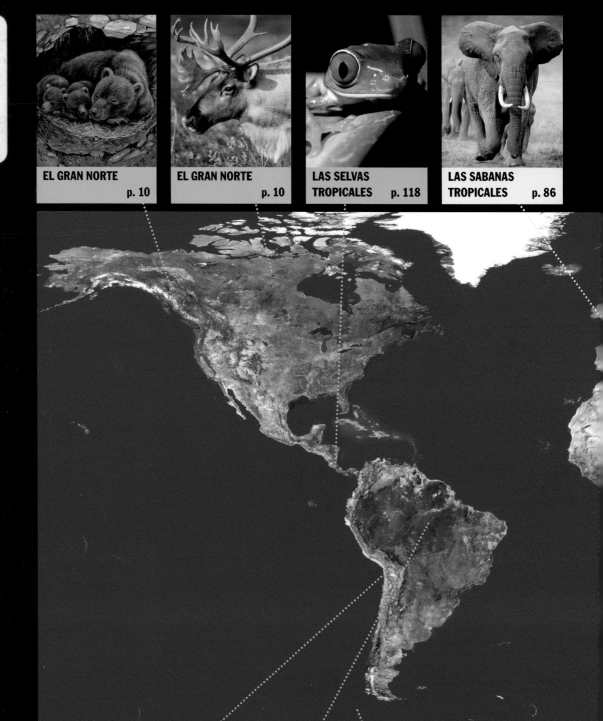

EL GRAN NORTE
p. 10

EL GRAN NORTE
p. 10

**LAS SELVAS
TROPICALES**
p. 118

**LAS SABANAS
TROPICALES**
p. 86

**LAS ALTAS
MONTAÑAS**
p. 50

**LAS SELVAS
TROPICALES**
p. 118

EL GRAN SUR
p. 32

EL GRAN SUR
p. 32

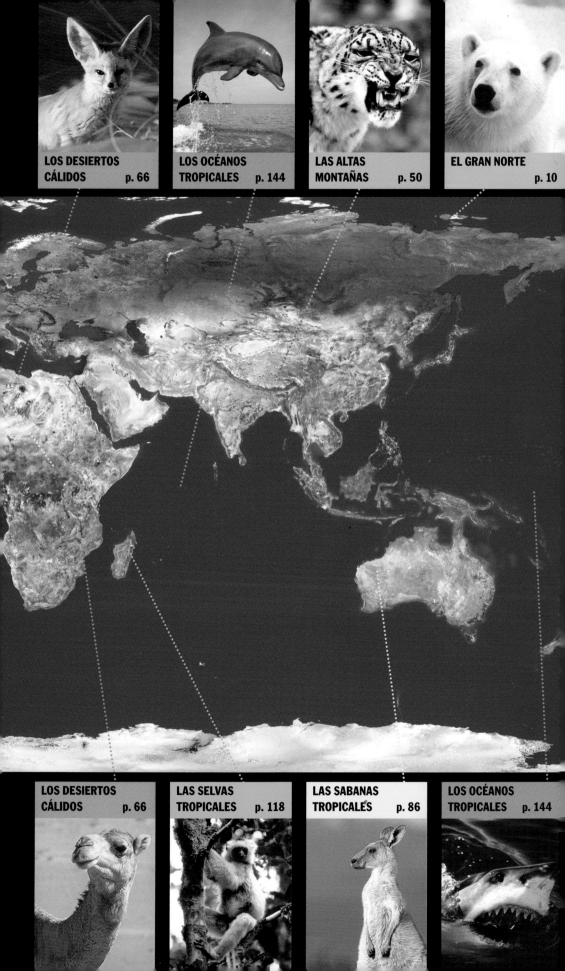

Animales al Límite

El Gran Norte

El Gran Sur

Las altas montañas

Los desiertos cálidos

Las sabanas tropicales

Las selvas tropicales

Los océanos tropicales

El Gran Norte

El Gran Norte

El Gran Norte es la región situada entre el Polo Norte y el Círculo Polar Ártico. Comprende el océano Glacial Ártico y también algunas tierras, como la isla de Groenlandia.

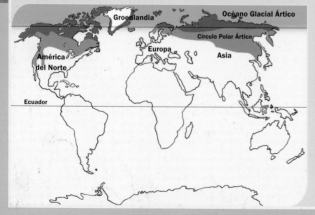

Las regiones del Gran Norte

La banquisa es una gruesa capa de hielo que cubre el océano Glacial Ártico. Una parte de la banquisa se derrite en verano.

El término tundra designa las llanuras heladas del Ártico. En verano, cuando se derrite la nieve, la tundra se convierte en una vasta zona pantanosa. En ella crecen arbustos, flores y musgos.

La taiga es el bosque que circunda el Círculo Polar Ártico. En ella crecen sobe todo coníferas: abetos, alerces y pinos. Los árboles están más espaciados, separados por zonas pantanosas cubiertas de musgos.

¿Qué temperatura hace?

En invierno, la temperatura media se sitúa entre los –20 °C y los –40 °C. Pero puede bajar hasta los –70 °C durante las ventiscas, que levantan torbellinos de hielo. En verano, la temperatura no suele subir de los 5 °C.

¿Por qué hace tanto frío?

El Polo Norte y el Polo Sur están más alejados del sol y reciben menos calor. Durante el invierno, los rayos solares ni siquiera llegan al Polo, que se sume completamente en la oscuridad. Esta noche glacial durará seis meses.

¿Hay vida?

Sí, hay vida incluso en tales condiciones extremas. La mayoría de los animales emigra y se va más al sur durante el invierno. Pero algunos han conseguido adaptarse de forma extraordinaria para poder resistir el frío del invierno.

El oso polar

El oso polar, también conocido como oso blanco, es el verdadero señor del Gran Norte. Este magnífico e impresionante animal es el gran depredador de la región. Se ha adaptado tan bien a este medio tan extremo que se ha convertido en el símbolo de la vida en la banquisa.

Un excelente nadador

La reserva de grasa que tiene distribuida por la espalda le permite flotar y nadar en posición horizontal.

Los orificios nasales se cier... bajo el agua. Puede aguanta... más de un min... sin respirar.

Las patas traseras se quedan juntas y le sirven de timón.

Los pies de las patas delanteras son más anchos; los usa como remo para impulsarse hacia delante.

Las garras son parcialmente palmeadas y están forradas de pelo. De esta manera tien... una sujeción más eficaz en el agua.

Una manta confortable

La piel del oso polar es especialmente larga. Cada pelo mide entre 10 y 15 cm y es hueco y transparente.

El pelaje actúa como un invernadero: entra el aire en él, se calienta y se mantiene en el interior.

Además, bajo el denso pelaje, la piel del oso es negra, color que absorbe la luz y el calor.

El oso posee también una espesa capa de grasa que hace de aislante. Así mantiene un constante calor interior.

Vida a cámara lenta

En invierno, cuando carece de comida, el cuerpo del oso ralentiza sus funciones vitales.

El corazón le late más despacio, con lo cual consume menos energía. Así, ahorra fuerzas hasta que vuelva a encontrar algo de comer.

CARNÉ DE IDENTIDAD

NOMBRES: oso polar u oso blanco
NOMBRE CIENTÍFICO: *Ursus maritimus*
TAMAÑO ADULTO: 3 m de pie
PESO (MACHO): 400-600 kilos
PESO (HEMBRA): 150-300 kilos
PESO AL NACER: 0,5 kilos
LONGEVIDAD: 25 años. En cautividad, hasta 40 años.
POBLACIÓN: entre 25 000 y 30 000, la mayoría en Canadá.
RÉCORD: ¡Puede comer 80 kilos de una sentada!

La hembra tiene una camada cada tres años. Generalmente da a luz a dos oseznos. Al nacer, los bebés no ven y están cubiertos de un pelo muy fino y suave.

❶ Al final del verano, la hembra que está esperando oseznos prepara su guarida. Con las patas delanteras, provistas de garras, cava en la nieve un túnel de 10 m de largo y construye una cueva al fondo.

❷ En septiembre, la osa se acuesta a dormir en la cueva. La nieve tapa enseguida la entrada del túnel. En el interior la temperatura se mantiene cerca de los 0 °C, mientras que fuera baja hasta −40 °C. Durante seis meses la osa vivirá de sus reservas de grasa.

❸ Los ositos nacen en diciembre y viven de la leche de su madre. Su peso se multiplica por 20 en muy poco tiempo y su fina pelusilla se convierte en un denso pelaje. ¡Su madre ha perdido 100 kilos!

Una agilidad sorprendente

A pesar de su gran tamaño, el oso polar es sorprendentemente ágil. Puede andar sobre el hielo sin romperlo, ya que reparte el peso entre las cuatro patas, en vez de cargar el peso en una sola. La planta de los pies está provista de protuberancias que se agarran al hielo como garfios. Es capaz de permanecer inmóvil durante horas y, de repente, saltar en un segundo para atrapar a su presa.

Un cazador temible

El oso blanco caza sobre todo focas. Por eso suele quedarse en la banquisa, cerca del agua. Utiliza mucho el olfato. Por ejemplo, es capaz de oler una foca a un kilómetro de distancia. Es al mismo tiempo paciente, mañoso y fuerte, por eso es raro que se le escape su presa. En verano, cuando la banquisa se derrite, el oso se retira hacia las tierras del interior. Ya no volverá a comer casi nada y vivirá de sus reservas de grasa.

Un paseante solitario

El oso polar recorre cada año una media de 4000 km. Anda muy despacio, a 5 km/h, pero se desplaza constantemente, y eso le permite encontrar comida. En marzo llega el periodo de apareamiento, que dura sólo unos días. El resto del tiempo el macho está solo y la hembra vive con los oseznos. En general, los osos no buscan compañía ni pelea, y prefieren evitarse.

La foca es la presa favorita de los osos polares. El oso la despedaza para comerse la grasa y deja el resto a otros depredadores.

❹ En marzo, la osa vuelve a la banquisa con los cachorros. Los cría durante dos años, al cabo de los cuales se separan de ella. La osa busca entonces otro macho para aparearse y tener más oseznos.

La foca de Groenlandia

La foca de Groenlandia vive en el mar, entre las costas de Groenlandia, Canadá y Siberia. Es un mamífero marino. Tiene un modo de vida anfibio, es decir, vive tanto dentro del agua como al aire libre.

Nacimiento en la banquisa

En febrero, las focas hembras salen del mar y suben a la banquisa. Viven aisladas unas de otras. Cuando sienten que se acerca el parto, se tumban de espaldas y la cría nace en un minuto, cubierta de una piel muy gruesa que la protege del frío.

Infancia de dos semanas

La hembra vuelve al agua en cuanto nace el bebé foca. De hecho, el agua a 0 °C está menos fría que la banquisa. Desde allí vigila al bebé y sube al hielo para amamantarlo. El periodo de lactancia dura quince días y la cría engorda dos kilos al día. Su piel blanca es un estupendo camuflaje, ya que evita llamar la atención del oso polar, su principal predador.

Aprendizaje costoso

A las dos semanas, la madre abandona a la cría y vuelve al mar.
Al principio la cría llama a su madre a gritos. Se arrastra sobre el hielo y se acaba encontrando con otras crías abandonadas con las que se agrupa. Poco a poco, se van acercando al agua, pues el instinto les dice que es ahí donde está la comida. Muy pronto la cría pierde su pelusa blanca, que es sustituida por un denso pelaje gris. Este color le proporciona un buen camuflaje bajo el agua.

La foca nada bajo el hielo y sale a respirar por estos agujeros o «respiraderos».

Una despensa submarina

Durante quince días, las crías abandonadas no comen nada. Viven de sus reservas de grasa. Luego, movidas por el hambre, terminan echándose al agua.
Su instinto las hace nadar moviendo las patas traseras y descubren que pueden comer kril (bancos de pequeños crustáceos). Más tarde persiguen presas más grandes: bacalao, arenque y capellán. El agua transparente ofrece una visibilidad perfecta para la caza.

Las patas traseras sólo son útiles en el agua. Son anchas y planas y ofrecen así un mejor apoyo para avanzar en el agua.

4 000 km al año

Es la distancia que recorre al año una foca durante sus migraciones. En primavera, la foca nada hacia el norte, pues en este periodo las aguas están rebosantes de pescado. En otoño, vuelve al sur, a su banquisa natal, para reproducirse. Su trayectoria es la misma todos los años: sin saberlo, sigue la misma ruta que sus ancestros. Pero en el camino deberá evitar peligrosos depredadores, como los tiburones y las orcas.

El bebé foca nace cubierto de una pelusa blanca que lo vuelve invisible en la nieve.

En la banquisa
incluso el montón de nieve más
insignificante sirve de escondite.

Estos agujeros naturales que las
focas mantienen abiertos y que les
permiten salir a respirar se
denominan «respiraderos».

Esta mamá foca se queda en el
agua, donde tiene menos frío.
Pero no pierde de vista a su cría
y sale para darle de mamar.

Después de dos semanas de
lactancia, la cría es abandonada
por su madre. Tendrá que aprender
a salir adelante ella sola.

Una foca saca la cabeza del agua para respirar. En un segundo, el oso polar la mata de un potente zarpazo.

Cuando aparece el oso polar, las focas se tiran al agua, donde pueden huir a toda prisa con más facilidad. Pero entonces la orca surge del agua y atrapa una foca joven.

Dos narvales salen a la superficie a respirar. Estos cetáceos se distinguen por su largo colmillo helicoidal.

Esta morsa hembra defenderá a su cría con los colmillos si se acerca una orca. Los colmillos le sirven además para levantarse en el hielo y para escarbar los fondos marinos en busca de comida.

La beluga, también llamada ballena blanca, es prima del narval.

El zorro polar

El zorro polar merodea por todas partes entre el Polo Norte y el Círculo Polar Ártico. Se mueve sin cesar en busca de comida, que en invierno es muy escasa. Lo encontramos tanto en las praderas multicolores de la tundra como en las placas flotantes de la banquisa.

Verano en familia, invierno en soledad

En mayo, la zorra excava una madriguera para parir. Las crías nacen en camadas de tres o cuatro. Su pelo rojizo las hace invisibles en la tundra. La zorra los amamanta y durante tres semanas no se separa de ellos. El macho va a cazar para traerles comida. A la cuarta semana los cachorros empiezan a comer carne. A los tres meses salen a jugar delante de la madriguera. En septiembre, con cuatro meses, los cachorros se separan de sus padres y se va cada uno por su lado. Están ya recubiertos de un hermoso pelaje blanco.

Un traje antihielo

El hocico y los ojos negros son los puntos débiles del camuflaje, pues se ven de lejos en la nieve. Pero cuando el zorro se enrolla como una bola, con la cola alrededor de la cabeza, se vuelve totalmente invisible.

Sus orejas son pequeñas y redondas, al contrario de las del zorro rojo, su pariente de las regiones más templadas. Es una forma de adaptación al frío, ya que las extremidades del cuerpo son siempre lo primero que se congela.

El zorro ha encontrado un roedor gracias a su fino oído. Dando un rapidísimo salto, atrapa a la presa con las patas y la saca de la tierra con el hocico.

La cola es densa y larga. Le sirve de bufanda cuando se enfrenta a las ventiscas o tormentas de hielo.

Tiene las patas cubiertas de pelo, incluso por la parte inferior, y en ellas la sangre circula más deprisa. Todo ello impide que se le congelen los pies.

El pelaje del zorro cambia de color. En invierno es blanco y en marzo es sustituido por un pelo rojizo que conservará hasta septiembre.

Tras los pasos del oso

En invierno, el zorro sigue a menudo los pasos del oso polar. No le tiene miedo, pues el oso caza principalmente focas. Y, como el oso se conforma con devorar la grasa de la foca, el zorro puede aprovechar la carne, que el oso ha dejado intacta, y el resto del esqueleto. ¡Así no tiene ni que cazar!

CARNÉ DE IDENTIDAD

NOMBRES: zorro polar o zorro blanco
NOMBRE CIENTÍFICO: *Alopex lagopus*
TAMAÑO: 60 cm **PESO:** 5-8 kilos
LARGO DE LA COLA: 30 cm
LONGEVIDAD: 10 años
POBLACIÓN: varía cada año según la cantidad de comida que encuentran las hembras. Lo más frecuente es que una zorra dé a luz a 3 o 4 cachorros. Pero, si ha comido mucho, puede tener una camada ¡de hasta 20 cachorros!

Los cachorros suelen nacer en camadas de tres o cuatro.

En invierno su pelo se vuelve tres veces más espeso. Por debajo del pelaje largo tiene una capa de pelo fino más corto. Puede aguantar sin tener frío hasta –40 °C.

Primero festín y luego régimen

En verano, el zorro polar caza sin parar, unas 18 horas al día. Persigue pájaros y roedores, sobre todo al lemming, que es su presa favorita. Birla huevos y mordisquea las bayas salvajes. Lo que no come, lo acumula en escondites que marca con orina para poder localizarlos más tarde. Se ha llegado a descubrir un escondite de zorro con nada menos que ¡36 crías de pingüino! En invierno la comida es escasa. El zorro come todo lo que encuentra a su paso, incluso excrementos o esqueletos.

El zorro se enrolla como una bola y deja que la nieve lo cubra. Esta técnica le permite soportar temperaturas de hasta –70 °C.

El primo pequeño

El zorro polar es dos veces más pequeño que su primo el zorro rojo, que vive en las regiones templadas. Parece más bien un gato grande. Este reducido tamaño le permite aguantar mejor el frío. Tiene además un oído tan fino que puede percibir el ruido de un roedor bajo la nieve.

La tundra en invierno y en verano

En el Gran Norte el verano es muy corto, pero dura lo suficiente para que se derrita una gran cantidad de nieve. Esto transforma totalmente el paisaje y la vida de los animales.

La tundra en invierno

❶ El búho nival, también llamado lechuza de las nieves, es un gran cazador del Ártico. Caza lemmings, aves y liebres.

❷ El zorro polar con su pelaje de invierno. Enrollado en forma de bola, no tiene frío y se vuelve invisible para sorprender mejor a sus presas.

❸ La liebre ártica recorre grandes distancias en busca de hierba y de tallos hundidos en la nieve. Escarba el suelo con las patas para encontrar comida.

❹ El oso polar macho vive a cámara lenta. Mientras tanto, la hembra se queda en la guarida con los oseznos.

Observa en este calendario la duración del día y de la noche en la tundra a medida que pasan los meses.

TOTALMENTE DE NOCHE

| OCTUBRE | NOVIEMBRE | DICIEMBRE | ENERO | FEBRERO | MARZO |

INVIERNO

5 El búho nival conserva su plumaje blanco en verano, pero las plumas de la hembra se salpican de manchas oscuras. Las manchas le permiten incubar en tierra sin ser vista, ya que pone los huevos en el suelo y no en un nido.

6 El zorro polar con su pelaje oscuro de verano. Este color le proporciona un camuflaje perfecto en la tundra. Gracias a su fino oído, espía los movimientos de los lemmings, que son su presa favorita. Cuando no encuentra ninguno, come pájaros y huevos.

El lemming, roedor del Gran Norte

Mide unos 13 cm y es parecido a un hámster. En invierno se protege del frío en galerías que excava bajo la nieve. En verano se construye un nido en la hierba. Come raíces y musgos. Se reproduce varias veces al año y los hay a millares en la tundra.

7 La liebre ártica conserva en verano su pelaje blanco y eso la hace muy vulnerable. Afortunadamente para ella, corre más rápido que el zorro.

8 El lemming es muy activo en verano. Construye su nido en la hierba e intenta escapar de las garras del zorro y del búho nival.

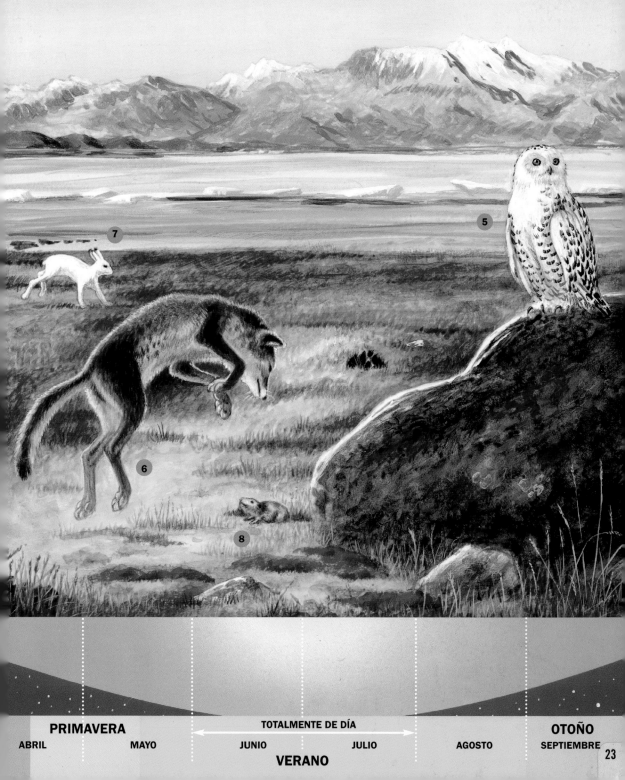

PRIMAVERA			TOTALMENTE DE DÍA			OTOÑO
ABRIL	MAYO		JUNIO	JULIO	AGOSTO	SEPTIEMBRE
			VERANO			

Las aves del Gran Norte

En verano, miles de aves anidan en el Gran Norte, donde la comida es muy abundante. Cuando vuelve el invierno, la mayoría emigra más al sur. Pero algunas aves han conseguido adaptarse al frío glacial del invierno ártico.

Se van las migratorias...

En otoño la mayoría de las aves abandona el Gran Norte porque no puede soportar el frío extremo. Es el caso de los patos, las aves zancudas, las ocas, los cisnes y otros pájaros más pequeños, como el escribano nival. Se van hacia regiones templadas o a África. Algunos, como el charrán ártico, recorren distancias asombrosas.

... Y se quedan las sedentarias

Una decena de especies ha conseguido adaptarse al invierno ártico. Su plumaje se refuerza con una capa de plumón fino y espeso. Erizan las plumas para crear una capa de aire caliente y aislante. Las patas también se cubren de plumas. Ahorran energías y se conforman con muy poca comida. Entre estas aves están el lagópodo alpino, el mérgulo atlántico y la gaviota marfil.

El búho nival

El búho nival, también conocido como lechuza de las nieves, no emigra: pasa el invierno en el Gran Norte. Es un gran predador de lemmings, liebres árticas y crías de otros pájaros.
Para cazar, se posa en una roca o en un montículo de nieve y, en cuanto divisa el movimiento de un animalillo, despliega las alas y se lanza hacia la presa sin hacer ruido.

El charrán ártico

Tiene el récord de la distancia más larga recorrida al año: ¡36 000 km! Primero, pasa un verano en el Polo Norte; luego, en invierno, viaja a los países cálidos; y el verano siguiente emigra al Polo Sur. Y así sucesivamente.

El búho nival mide unos 60 cm, pero cuando extiende las alas adquiere una envergadura impresionante: ¡1,50 m!

El mérgulo atlántico es un alca diminuta, mide menos de 20 cm. Se distingue por su plumaje bicolor. Vive principalmente en el mar y se alimenta de pequeños crustáceos. Anida en tierra y se agrupa en colonias de miles de pájaros.

Alimentos para todos los gustos

El ánsar nival, el ánsar piquicorto, el cisne trompetero y el cisne chico comen plantas acuáticas.
El chorlito gris, que es un ave zancuda, come insectos y moluscos.
El pato havelda y el charrán ártico comen peces.
Por último, las rapaces, como el búho nival, el halcón gerifalte o el págalo rabero, cazan pájaros y roedores.

El lagópodo alpino, también llamado perdiz nival

En invierno, el pelaje del lagópodo alpino cambia y se vuelve blanco como la nieve. Este pájaro puede permanecer inmóvil durante 20 horas seguidas para ahorrar energía.

En verano, su pelaje se vuelve oscuro y moteado, y se confunde con el suelo. El lagópodo alpino hace su nido en tierra e incuba los huevos sin moverse.

En verano la nieve se ha derretido

En primavera se derrite una gran cantidad de nieve. El agua no es absorbida por el suelo, que está helado y por lo tanto es impermeable. La tundra se convierte en una enorme zona pantanosa. El plancton que crece en el agua atrae de inmediato a millares de moscas y de insectos pequeños, que a su vez atraen a las aves. Miles de ocas, cisnes, patos y otros pájaros anidan en estas zonas pantanosas. Hacen montones con la hierba para fabricar sus nidos y luego los tapizan con plumas. Incuban los huevos y crían a los pollos antes del invierno. Esta gran reunión de pájaros atrae también a las rapaces, que devoran los huevos y a las crías que no pueden huir.

La gaviota marfil

Está perfectamente adaptada a la banquisa. Para alimentarse, la gaviota marfil acompaña a menudo al oso polar en sus cacerías. Así aprovecha los esqueletos de las focas que el oso deja tras de sí.

También puede comer excrementos de oso, morsa o foca. En verano, las gaviotas marfil anidan en colonias de unas cien parejas. Se instalan en cualquier sitio, ya sea un terreno llano o en lo alto de acantilados nevados.

La gaviota marfil vive al borde de la banquisa o en bancos de hielo llevados por la corriente a la deriva.
Es pequeña, de unos 40 cm, pero con las alas extendidas mide más de un metro. Tiene un color blanco perfecto. Sólo sus ojos y sus patas son negros.

El caribú y sus parientes

El Gran Norte está poblado de grandes herbívoros. Los caribúes y los alces están siempre de paso, siguiendo sus rutas migratorias. Los bueyes almizcleros pasan el invierno en la tundra.

El caribú es un reno

Se llama caribú en Canadá y reno en Europa, pero ambos son el mismo animal. Está perfectamente adaptado al frío intenso. Tiene el hocico cubierto de pelo, lo que le permite pastar en la nieve sin congelarse. Tiene anchas pezuñas que sobre la nieve son como raquetas y en el agua le sirven de remo.

Manadas en movimiento

Los caribúes se desplazan en rebaños inmensos de hasta 250 000 individuos y siguen itinerarios ancestrales. Emigran para alimentarse. En verano normalmente comen líquenes y en invierno escarban en la nieve con las pezuñas en busca de comida. Las hembras se detienen unas semanas en mayo para dar a luz a su cría. Tres días después del nacimiento, las madres y sus crías se reúnen con el resto de la manada.

Una particularidad que poseen los caribúes es que las hembras también tienen cornamenta. Los machos pierden sus astas en noviembre, después del apareamiento. Las hembras las pierden en mayo, tras el nacimiento de la cría, y las mordisquean, pues son fuente de calcio para su leche. La cornamenta vuelve a crecer rápidamente, recubierta de un vello que acelera su crecimiento.

CARNÉ DE IDENTIDAD

NOMBRES: caribú o reno
NOMBRE CIENTÍFICO: *Rangifer tarandus*
ALTURA A LA CRUZ: 1 metro
PESO (MACHO): 120-270 kilos
PESO (HEMBRA): 90-150 kilos
ENVERGADURA DE LOS CUERNOS: máximo de 120 cm. Los cuernos de la cría empiezan a crecer hacia los tres meses.
LONGEVIDAD: 10 años

RÉCORD: en verano el caribú puede comer hasta 20 kilos de líquenes al día.

Las manadas de caribúes recorren 1 000 km al año. Andan de 10 a 30 km diarios.
En abril su trayectoria los conduce al Norte, al borde de los lagos de la tundra.
En septiembre vuelven al sur, a buscar refugio en el bosque o taiga.
De camino cruzan ríos rápidos con bastante facilidad.

El alce tiene unos cuernos anchos y majestuosos. Son tan grandes que llegan a tener 2 metros de envergadura. Y su peso puede superar los 40 kilos. Utiliza los cuernos para defenderse de los lobos. Las hembras no tienen cornamenta.

El alce

El alce es el cérvido más grande. Puede medir hasta 2,40 metros. Los machos pesan 500 kilos de media y las hembras, 300 kilos. El alce vive sobre todo en la taiga, en Canadá y en el norte de Asia. En verano le gusta pastar en la tundra, cerca de los lagos y las zonas pantanosas.

Casi siempre solitario

Los alces no viven en grandes rebaños como los caribúes. Prefieren la soledad. Sin embargo, se agrupan para recorrer grandes trayectos, pues así se defienden mejor de los lobos, que son sus depredadores. Son excelentes nadadores y les gusta bucear para comer plantas acuáticas. Pero los brotes de sauce son su golosina favorita.

El buey almizclero

Aunque se parece al bisonte, está más próximo a la oveja o la cabra. Su nombre, buey almizclero, le viene dado por el fuerte olor del macho, que durante el periodo de reproducción desprende un olor a almizcle. El buey almizclero vive sobre todo en las islas árticas. Puede pasar allí todo el año, pues resiste el frío sin ningún problema. Su pelo es muy largo y está cubierto de una gruesa capa de lana. A pesar de su gran tamaño y su peso de cerca de 300 kilos, el buey almizclero come muy poco. Escarba en la nieve con las pezuñas afiladas en busca de líquenes y musgos. Vive en manadas pequeñas compuestas por hembras, crías y algunos machos adultos.

Los bueyes almizcleros se distinguen por su largo pelo negro y sus gruesos cuernos retorcidos. Los machos los utilizan en los combates en los que se enfrentan para elegir al jefe de la manada, y también en el periodo amoroso. Los cuernos tienen la punta muy afilada y también les sirven para defenderse del ataque de los lobos.

Los carnívoros del bosque

En la taiga viven muchos herbívoros y los ríos rebosan de peces. Es una región repleta de comida que atrae a muchos depredadores: lobos, rapaces, osos pardos y glotones.

El grizzly

Es un oso pardo de América del Norte. Recibe este nombre por los reflejos grises de su pelo en otoño. Pesa unos 300 kilos y sus garras miden 15 cm de largo. El grizzly es un animal solitario. El único momento en el que podemos verlo en grupo es en verano. En esta estación los osos grizzly se agrupan cerca de los ríos que remontan los salmones. En un solo día un oso puede atrapar hasta ¡80 salmones! En otoño, el oso grizzly caza de día y de noche, y engorda mucho. Es omnívoro y come salmón, pero sobre todo le gustan las bayas, setas, raíces, frutas e incluso la hierba. En invierno vive gracias a sus reservas de grasa.

Las rapaces

En invierno la mayoría de las rapaces del Gran Norte emigra a la taiga. El águila calva tiene un plumaje oscuro y la cabeza y la cola, blancas. El azor es una rapaz pequeña, infla sus plumas para parecer más grande. El águila real tiene unas alas formidables, de 2 metros de envergadura. Su vista es 8 veces más aguda que la del hombre. El halcón gerifalte es el más grande de los halcones y mata a sus presas golpeándolas en el cuello.

El lobo

Su pelaje tiene varios colores, entre grises, blancos o rojizos, que lo ayudan a camuflarse tanto en la nieve como en el bosque. Caza en jaurías de unos 10 o 12 lobos. Esto le permite dispersar las manadas y atacar a un reno o a un alce aislados.

El invierno en la taiga

❶ El oso grizzly hembra se instala solo en su guarida durante por lo menos seis meses. Los oseznos nacen en enero o febrero. Durante su hibernación la osa pierde unos 50 kilos de grasa.

❷ El oso grizzly macho se queda solo en su madriguera de diciembre a marzo. No duerme profundamente, sino que tiene un sueño ligero.

❸ El águila calva está activa todo el año.
En invierno se alimenta de esqueletos y de peces muertos.

❹ El alce pierde los cuernos en invierno. Come musgos y líquenes.

El glotón

Es parecido a un oso pequeño, pero pertenece a la familia de la garduña y el armiño. De pie sobre las patas traseras mide menos de un metro de alto. Pesa unos 15 kilos. Es solitario y camorrista. Se alimenta principalmente de esqueletos de renos. Esconde las sobras de su comida para terminarlas más tarde. Por eso se llama glotón: se lo come todo sin dejar ni una sola miga.

❺ Los lobos grises se agrupan en jaurías para dar caza a animales debilitados por el frío.

❻ Los campañoles se esconden entre la nieve y la tierra. Roen las plantas bajo la nieve.

Y además...

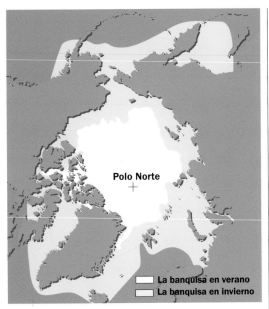

Polo Norte
+

La banquisa en verano
La banquisa en invierno

UN OCÉANO DE HIELO
Gran parte del océano Glacial Ártico está cubierta por la banquisa. En el mapa puedes ver la superficie en invierno y en verano. Esta superficie va disminuyendo cada vez más.

CALOR PELIGROSO
Cada vez hace menos frío en el Polo Norte. Por eso la banquisa se derrite más rápido en verano y al oso polar le falta tiempo para cazar en la banquisa y almacenar sus reservas de grasa.

UN GRAN NADADOR
A las tres semanas de nacer, este pájaro marino llamado arao de Brünnich realiza una emigración espectacular. Como todavía no sabe volar, ¡recorre 1 000 km a nado para llegar hasta su lugar de hibernación!

COMO UN GORRIÓN

El escribano nival está muy extendido en el Ártico. De pequeño se parece a un gorrión. En verano construye su nido en los agujeros de las rocas con hierbas secas. Caza insectos día y noche. En invierno se refugia en el norte de Europa.

PEZ DE AGUA FRÍA

El tiburón de Groenlandia es el pez más grande de los mares helados. Vive en el Ártico y en el Antártico. A veces emigra hacia aguas que están a temperaturas entre los 6 °C y los 12 °C. Si el agua está demasiado caliente, nada hacia profundidades de hasta 1 200 metros.

CALORÍAS ASEGURADAS
Los animales que viven en los polos tienen bajo la piel una espesa capa de grasa. La grasa los protege del frío y sirve además de reserva de energía que alimenta al animal en invierno.

UN OJO DE LINCE
El lince de Canadá vive en el bosque, en la taiga de América del Norte. Gracias a su vista penetrante puede cazar durante la noche, y tiene además un finísimo oído. Su presa favorita es la liebre, pero también puede llegar a cazar ciervos.

LA MORSA
No tiene pelo, sino una piel gruesa y áspera. Tiene una capa de grasa de 20 cm de espesor. Al igual que el otario, tiene los miembros delanteros alargados.

Eso le permite desplazarse como las focas. Se defiende con sus dos largos colmillos.

UNA BALLENA COLOSAL
La ballena de Groenlandia, también llamada ballena ártica o ballena polar, vive exclusivamente en el océano Glacial Ártico. Puede alcanzar los 20 metros de largo y pesar hasta 100 toneladas. Posee unas inmensas barbas que pueden medir hasta 4 metros.

AMIGO DEL HOMBRE

Desde hace miles de años, los perros nórdicos ayudan a los hombres a desplazarse y a sobrevivir en la banquisa.
Hay cuatro razas: el husky siberiano, el malamute de Alaska, el samoyedo y el perro esquimal de Groenlandia.

¡QUÉ SUAVE!

La piel de los animales está formada por varias capas: una especie de lana lacia de pelo largo por fuera y una capa de pelo más fino en el interior.

DE DOS COLORES

El armiño vive en las regiones que lindan con el círculo polar. En invierno tiene el pelaje blanco y la punta de la cola negra. En verano el pelaje se vuelve marrón, excepto en el vientre y la garganta, donde es beige.

PÁJAROS DE MAL AGÜERO

Los grandes cuervos pueden soportar el frío de la taiga. Comen restos de animales muertos. Por su plumaje negro y sus incesantes graznidos, son a menudo rechazados por el hombre.

UN DELFÍN GIGANTE

La orca, también llamada «ballena asesina», es el más grande de los delfines. Mide entre 6 y 8 metros de largo y pesa de 2 a 4 toneladas.

Se caracteriza por su color blanco y negro. La orca puede habitar en todos los océanos. Pero prefiere las aguas frías de los polos, donde caza focas y otros mamíferos marinos. Es un depredador temible; por ello, su nombre en inglés es *killer whale*, «ballena asesina».

EL UNICORNIO DEL MAR

El narval es un cetáceo de la familia de los delfines. Por el largo colmillo en espiral que le sale de la cabeza recibe el apodo de unicornio de los mares. Este colmillo suele ser un atributo de los machos, pero también puede verse en las hembras.

EL TIGRE DE SIBERIA

Es el más grande de los tigres. Puede pesar hasta 360 kilos. Vive en la tundra del norte de Rusia. Recorre miles de kilómetros en busca de ciervos y puede comerse 20 kilos de carne de una sentada. En general caza en solitario, pero algunos tigres viven en familia.

¡ROBO AL VUELO!

El págalo rabero es un ave migratoria. En verano hace su nido en la tundra ártica. Se alimenta de pequeños roedores y de insectos. En invierno vive en el mar y se alimenta de peces. No tiene ningún problema en perseguir a otros pájaros que hayan pescado un pez y robarles la presa al vuelo.

¡AY, QUE PICA!

Durante el verano nacen en la tundra millones de insectos. Tábanos y mosquitos pican a los renos y los alces.
Estos últimos corren a refugiarse en el agua de los ríos.

MENÚ DE CARIBÚ

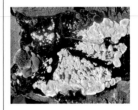

El suelo de la tundra está cubierto de líquenes. Estos son asociaciones de algas y hongos. El liquen es el alimento principal de los caribúes.

El Gran Sur

El Gran Sur

La Antártida es el único continente no habitado por el hombre. El Polo Sur es el lugar más frío de la Tierra. Pese a ello, la vida animal ha logrado desarrollarse al borde del océano.

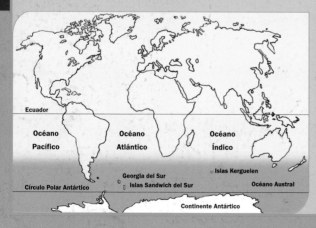

Ecuador

Océano Pacífico

Océano Atlántico

Océano Índico

Islas Kerguelen

Georgia del Sur

Islas Sandwich del Sur

Océano Austral

Círculo Polar Antártico

Continente Antártico

La Antártida, un continente helado

El continente antártico es muy extenso. Está cubierto de un gran manto glaciar, que es una gruesa capa formada por nieve que ha ido cayendo durante 20 millones de años y que se ha convertido en hielo.

El océano Austral es inmenso: representa casi la cuarta parte de la totalidad de los océanos.

Las islas australes son pequeñas tierras aisladas alrededor de la Antártida. Entre ellas están la Georgia del Sur, las islas Sandwich del Sur y las islas Kerguelen.

Un continente bajo el hielo

La Antártida es un continente con una superficie de 14 millones de km². Está cubierta de hielo prácticamente en su totalidad. Esta capa de hielo, llamada inlandsis, tiene una media de nada menos que... ¡2 300 metros de espesor!

Un clima inhumano

El frío es extremo. La temperatura media no supera los –50 °C y puede bajar hasta los –94 °C. El frío se hace todavía más insoportable por culpa de los vientos, que pueden soplar a 200 km/h. El interior del continente es un desierto sin vida.

Vida, a pesar de todo

La vida animal se desarrolla gracias al océano, que es muy abundante en comida. Muchos animales se han adaptado para sobrevivir a este frío. Algunos, como los pingüinos emperadores, incluso se reproducen en el continente.

El pingüino emperador

Este pájaro es el símbolo del Polo Sur, el único lugar del mundo en el que habita. Es el más grande de los pingüinos. Es muy resistente y realiza la proeza de quedarse en el continente Antártico todo el invierno, cuando otros animales se van al mar.

Un ave hecha para nadar

El pingüino emperador es miope y ve muy mal de lejos. Pero en el mar su vista es muy buena, ya que el agua hace de lupa.

Las alas son cortas y están cubiertas de plumas rígidas. Le sirven estupendamente de aletas y con ellas el pingüino se impulsa hacia delante.

Tiene el plumaje muy compacto y eso lo hace impermeable. Las plumas protegen la piel, que se mantiene seca aun dentro del agua.

La cola es triangular y rígida. En tierra el pingüino se apoya en ella para descansar y en el agua le sirve de timón.

Las patas están provistas de tres garras para poder aferrarse al hielo. Dentro del agua le sirven también de remo.

Su pico es largo y puntiagudo. Con él caza peces y crustáceos.

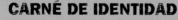

CARNÉ DE IDENTIDAD

NOMBRE: pingüino emperador
NOMBRE CIENTÍFICO:
Aptenodytes forsteri
PESO: entre 23 y 40 kilos
TAMAÑO: 1,20 m aprox.
LONGEVIDAD: 25 años
POBLACIÓN: 200 000 parejas

Un pájaro que no vuela

El pingüino pertenece a la familia de las aves marinas, pero sus ancestros se adaptaron a la vida submarina. Dejaron de volar y sus alas se hicieron cada vez más cortas, hasta convertirse en unas aletas rígidas y planas.

A los 40 días de vida, los pollos están ya cubiertos de un fino plumón. Se apiñan en una especie de guardería, que vigilan de cerca otros pingüinos adultos.

MAYO

La colonia de pingüinos se instala donde tendrá lugar el apareamiento, que todos los años es en el mismo sitio. Se forman las parejas tras una serie de intercambios de vocalización: cantan a dúo y luego se aparean. Diez días después la hembra pone un huevo de unos 440 gramos.

JUNIO

La hembra empuja el huevo con el pico hacia las patas del macho y después se va a pescar. Pero el mar se encuentra a... ¡100 kilómetros! Durante dos meses el macho se queda inmóvil, incubando el huevo bajo un pliegue de su piel, donde se mantiene caliente a 35 °C.

JULIO

El huevo eclosiona en pleno invierno austral y el pollo nace sin pelo. Se protege del frío bajo el vientre de su padre. Para alimentarlo, el padre regurgita una especie de papilla que va introduciendo en el pico del pollo. Cuando la madre vuelve de pescar, toma el relevo y entonces le toca al padre irse al mar a buscar comida.

El pingüino aprende a nadar a los 7 meses. Pesca bajo la banquisa y puede llegar a 400 metros de profundidad. Luego sube a la superficie para respirar.

AGOSTO

La madre viene cargada con 3 kilos de peces y crustáceos en una especie de bolsa situada entre la boca y el estómago. Los va regurgitando en forma de papilla para alimentar al pollo. A los cinco meses, más o menos, el pollo pierde su plumón y el cuerpo se cubre de plumas muy compactas.

Nacimientos en pleno invierno

Al contrario que la mayoría de los animales, el pingüino emperador se reproduce en invierno. La colonia se asienta tierra adentro, donde la capa de hielo es más sólida. En verano, la colonia se dispersa para ir al mar a pescar.

Padres ejemplares

El macho que incuba el huevo no come nada durante dos meses y pierde casi la mitad de su peso. Cuando nace el pollo, el padre se marcha a pescar. El padre y la madre se turnan para alimentar al bebé.

Los otros pingüinos

Millones de pingüinos habitan las aguas frías del Sur. Hay dieciocho especies distintas. La mayoría vive al borde del continente Antártico, en tierra durante el invierno y en el mar en verano.

Los pingüinos de Adelia se distinguen por su cabeza y su pico negros. De marzo a octubre se dejan llevar a la deriva sobre los icebergs y en primavera anidan en el continente.

Cuatro formas de desplazarse

A PIE

El pingüino anda con pasos cortos. No puede ir deprisa porque sus patas son cortas y resbaladizas en el hielo.

EN TRINEO

En las pendientes heladas el pingüino avanza mucho más rápido deslizándose sobre su vientre.

REMANDO

Las aletas rígidas le sirven de remo y gracias a ellas puede dar saltos como un delfín.

BUCEANDO

Es como más rápido se desplaza el pingüino. Bajo el agua puede recorrer hasta 100 km diarios.

Colonias gigantescas

Para hacer frente al terrible invierno de la Antártida, los pingüinos se agrupan en la banquisa en colonias de miles de ejemplares. Algunas colonias superan los 100 000 individuos y se extienden varios kilómetros. Los pingüinos logran, sin embargo, reconocerse entre ellos, gracias a su canto.

Buen sentido de la orientación

A pesar de su lentitud, los pingüinos son grandes andadores. Recorren más de 100 kilómetros sobre la nieve para ir del mar a su lugar de apareamiento. Hacen el camino de ida y vuelta muchas veces para alimentar al pollo. No se pierden nunca y toman siempre el camino más directo.

La costumbre de ayunar

Los pingüinos están acostumbrados a no comer a intervalos regulares. Por ejemplo, en enero, cuando mudan el plumaje, las plumas dejan de ser impermeables. Los pingüinos ya no se meten en el agua y se quedan cuatro semanas sin comer. También ayunan durante el periodo de apareamiento. Sobreviven gracias a sus reservas de grasa.

Los peligros del mar

Los pingüinos jóvenes se lanzan al agua a partir de los 7 meses. En ese momento son presas perfectas para el leopardo marino y las aves depredadoras como el págalo grande o el petrel gigante. Los pingüinos adultos tienen que huir de los tiburones y las orcas.

El pingüino real es muy parecido al pingüino emperador, pero es más pequeño y no tiene esa zona de plumas blancas que le llegan a la nuca y que es característica del pingüino emperador.

El pingüino barbijo se distingue por la raya de plumas negras que le recorre las mejillas. Es ágil y pendenciero. Vive principalmente en las pequeñas islas del océano Austral.

El pingüino macaroni tiene unas plumas largas y amarillas por encima de los ojos. Vive en las costas rocosas de las islas australes. La hembra pone dos huevos, pero sólo eclosiona el más grande.

La técnica de la tortuga

Los pingüinos tienen un truco para resistir al frío mortal: se agrupan en círculo y se aprietan unos contra otros formando una especie de tortuga, de espaldas al viento. Cuando se calientan, dejan el sitio a otros, y así se relevan continuamente. Una «tortuga» puede llegar a contener hasta 6 000 individuos.

Los pingüinos reales son los segundos en tamaño después de los pingüinos emperadores. Viven en las islas del océano Austral. Sus colonias no se dispersan, sino que permanecen siempre unidas.

Concurso de pingüinos

EL MÁS GRANDE: *el pingüino emperador, con 40 kilos.*

EL MÁS ABUNDANTE: *el pingüino macaroni, con 9 millones de parejas.*

EL MÁS FRIOLERO: *el pingüino de las Galápagos, que vive en el ecuador.*

EL MÁS PEQUEÑO: *el pingüino azul, con 40 cm.*

La ballena jorobada

L a ballena, gigante de los mares, es el animal más grande del planeta. Pertenece a la familia de los cetáceos. Está presente en todos los océanos, pero tiene preferencia por las aguas frías. La ballena jorobada es famosa sobre todo por sus saltos.

Gracias a los poderosos músculos del dorso, la ballena jorobada puede saltar hasta 4 metros por encima del agua.

Cómo un mamífero terrestre se convirtió en marino

1 Hace 58 millones de años, los ancestros de los cetáceos eran mamíferos terrestres que vivían al borde del mar.

2 Fueron pasando cada vez más tiempo en el agua y su pelo se hizo cada vez más corto y sus orejas, cada vez más pequeñas.

3 Hace 45 millones de años, las patas se convirtieron en aletas y el pelo desapareció por completo.

4 Los cetáceos de hace 26 millones de años se parecían ya a los cetáceos que conocemos hoy.

La familia de los cetáceos

Los cetáceos son mamíferos marinos de sangre caliente. Su aleta caudal es horizontal y se mueve de arriba abajo. Pueden distinguirse los cetáceos con dientes, como el delfín y la orca, y los cetáceos con barbas, como la ballena.

La familia de las ballenas

Además de la ballena jorobada existen otras doce especies de ballenas. Entre ellas, la ballena franca, que no tiene aleta dorsal, y la ballena rorcual, que se distingue por los surcos que tiene bajo la cabeza.

La ballena jorobada da a luz un ballenato cada tres años. La cría mide 4 metros y pesa cerca de una tonelada. A pesar de estas dimensiones, es presa fácil de orcas y tiburones. Su madre lo protege y durante un año permanece a su lado.

Un alimento minúsculo

La ballena se alimenta de kril o bancos de miles de pequeños crustáceos. La ballena jorobada come una tonelada de kril al día. Abre la boca para dejar pasar agua y luego vuelve a expulsarla. Las barbas son largas láminas córneas y entre ellas se quedan prisioneros los pequeños crustáceos.

La viajera de los mares

La ballena realiza grandes migraciones. En verano se alimenta en las aguas polares, que están repletas de peces. En invierno se reproduce en las aguas tropicales, que apenas contienen pescado, y vive de sus reservas de grasa.

CARNÉ DE IDENTIDAD

NOMBRE: ballena jorobada
NOMBRE CIENTÍFICO: *Megaptera novaeangliae*
TAMAÑO: 16 m **PESO:** 36 toneladas
PARTICULARIDADES: las hembras son más grandes que los machos.
RÉCORD: ¡puede permanecer 30 minutos bajo el agua sin respirar!

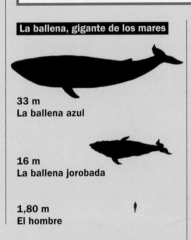

La ballena, gigante de los mares

33 m
La ballena azul

16 m
La ballena jorobada

1,80 m
El hombre

La respiración de la ballena

La ballena no tiene branquias como los peces, sino pulmones. Respira en la superficie gracias a los espiráculos situados encima de la cabeza: estos agujeros hacen de orificios nasales. La ballena expulsa aire mezclado con vapor de agua, y eso es lo que llamamos respiración, que se puede ver de lejos.

El canto de la ballena

La ballena jorobada puede emitir miles de sonidos diferentes. Es un lenguaje muy complicado. Durante el periodo de apareamiento, el macho indica su presencia a la hembra a través del canto, que puede llegar a oírse a 500 kilómetros. La hembra va a su encuentro y once meses más tarde da a luz un ballenato.

La aleta caudal de la ballena jorobada puede alcanzar los 4,50 metros de ancho. Sobresale del agua cuando la ballena inicia su inmersión.

Los animales del océano Austral

E l océano Austral está sembrado de pequeñas islas
dispersas. Una de ellas es Georgia del Sur.
Gran cantidad de aves y mamíferos marinos
van allí a descansar y a reproducirse.

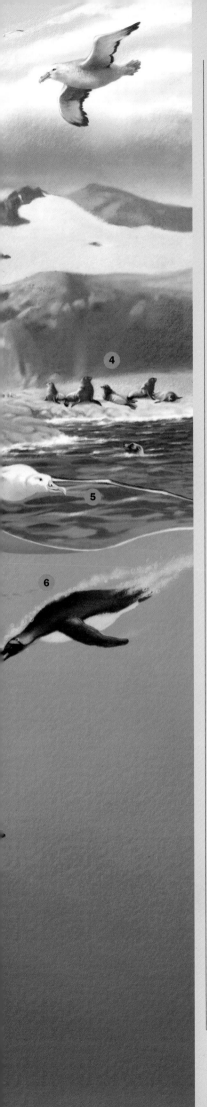

La vida en una isla

❶ El petrel gigante vive en el mar durante el invierno. En verano anida en tierra y ataca nidos y pollos de otras especies.

❷ Los elefantes marinos descansan en las playas de arena o de guijarros. Los machos adultos se pelean entre ellos por marcar su territorio.

❸ Los pingüinos reales se agrupan en inmensas colonias llamadas pingüineras. La pingüinera más grande tiene 250 000 individuos.

❹ Los osos marinos se agrupan por centenares. Cada macho tiene a su cuidado unas quince hembras que viven en su territorio.

❺ El albatros errante despliega sus largas alas y las bloquea. De esta manera puede volar durante mucho tiempo sin cansarse.

❻ El pingüino real persigue peces linterna a una profundidad de hasta 400 m. Puede estar más de 10 minutos sin respirar.

❼ Los peces linterna miden unos 15 cm. Pasan la noche en aguas profundas y por el día suben a la superficie.

❽ La orca caza en familia o en grupo. Se alimenta de peces, pero también come pingüinos, focas y otarios.

❾ Los calamares nadan en bancos inmensos. Para defenderse de los ataques de elefantes marinos o de albatros, expulsan un chorro de tinta negra que oscurece el agua.

❿ El joven elefante marino puede adentrarse en el agua a más profundidad que la orca y así le es más fácil huir.

Islas inhabitadas

Las islas australes son inhóspitas y están alejadas del continente. Su relieve es rocoso por ser de origen volcánico. El clima en ellas es lluvioso y soplan constantemente fuertes vientos. Gracias a estas condiciones, los animales han podido reproducirse sin tener que soportar la presencia del hombre.

El paraíso de las aves

Millones de aves y mamíferos marinos son atraídos a estas aguas, muy generosas en comida, rebosantes de plancton, crustáceos y calamares. En tierra la vegetación es pobre, tan sólo algunos arbustos trepadores, hierba y algas, suficiente para las aves, que hacen sus nidos en el suelo o en las rocas. Podemos encontrar muchas especies, como albatros, gaviotas, petreles gigantes, cormoranes o fulmares antárticos.

Algunos predadores

Algunas aves son depredadoras: el petrel gigante, por ejemplo, asalta nidos y ataca a los pájaros jóvenes. En el agua, el depredador de mayor tamaño es la orca, que caza mamíferos marinos y pingüinos. El leopardo marino es otro peligroso cazador.

Una isla para el nido

Las islas son un apreciado tesoro para las aves marinas. Después de largos meses de estancia en el mar, vuelven a tierra para iniciar sus danzas amorosas. La mayoría de las especies pone los huevos entre octubre y enero.

El elefante marino y sus parientes

El elefante marino pertenece a la familia de los pinnípedos. Son mamíferos marinos que se alimentan en el agua y se reproducen en la tierra. Habitan en todos los océanos, y algunos viven en las aguas polares de la Antártida.

El elefante marino macho tiene una nariz en forma de trompa que crece durante toda su vida. A este atributo precisamente debe su nombre.

El elefante marino se adentra en tierra dos veces al año: en septiembre, para aparearse, y en enero, cuando muda la piel.

La foca de mayor tamaño

El elefante marino es una subespecie de foca. Se halla sobre todo cerca de las islas australes. Los machos se distinguen por su gran tamaño, que supera a veces los 5 metros. Las hembras son mucho más pequeñas. Pasan la mayor parte del tiempo en el agua y se alimentan de peces.

Animales camorristas

Los elefantes marinos son violentos en el periodo de reproducción. Los machos dominantes reúnen cerca de treinta hembras para aparearse. Los jóvenes machos los atacan e intentan ocupar su lugar. En cambio, en el agua los elefantes marinos son animales muy pacíficos.

CARNÉ DE IDENTIDAD

NOMBRE: elefante marino del Sur
NOMBRE CIENTÍFICO: *Mirounga leonina*
TAMAÑO (MACHO): entre 4 y 6 m
PESO (MACHO): de 3 a 4 toneladas
RÉCORD: puede bucear a más de 1 800 metros de profundidad y permanecer dos horas en el agua sin respirar.

La foca cangrejera tiene el hocico respingón. Con 40 millones de individuos, es la especie de foca más abundante.

La foca de Weddell se reconoce por su cabeza, que es mucho más pequeña que su cuerpo. Es una de las mejores buceadoras.

El oso marino recibe este nombre por el abundante pelo que los machos poseen en la cabeza y alrededor del cuello.

¿Qué significa «pinnípedo»?

«Pinnípedo» quiere decir «pie-aleta».
Todas las especies de pinnípedos tienen las patas en forma de aleta. Por eso son tan veloces bajo el agua. En cambio, en tierra son mucho más torpes y se mueven con dificultad.

Dos formas de desplazarse

Las focas se desplazan en tierra arrastrándose o haciendo ondas con el cuerpo. Son mucho más ágiles en el agua. Los otarios, en cambio, para andar se alzan sobre sus aletas delanteras. Pueden trepar a las rocas e incluso saltar.

Excelentes buceadores

Los pinnípedos tienen el cuerpo en forma de torpedo, que es la forma perfecta para nadar. Además, se han adaptado al buceo aprendiendo a almacenar oxígeno. Los campeones de apnea son el elefante marino y la foca de Weddell, que son capaces de nadar más de una hora sin respirar. Esto les permite huir de la orca, su enemigo submarino.

Hermanos enemigos

La mayoría de los pinnípedos se alimenta de crustáceos, moluscos y peces. Sin embargo, el leopardo marino es distinto. Caza presas más grandes, por ejemplo pingüinos. Cuando tiene hambre no duda en atacar a sus propios «hermanos», las focas. Tiene la mandíbula provista de dientes afilados. Después de la orca, es el cazador más temido de la Antártida.

El leopardo marino, también llamado foca leopardo, tiene manchas redondas en la piel. La cabeza es parecida a la de un reptil.

Una familia numerosa

La familia de los pinnípedos reúne otarios, focas y morsas.
Los otarios y sus primos los leones marinos viven en los océanos del sur del ecuador y en el océano Pacífico.
Las focas viven en todos los océanos, pero varían de un sitio a otro. Por ejemplo, los elefantes marinos del hemisferio Norte son más pequeños que los de la Antártida. Las morsas sólo viven en el Polo Norte.

Este bebé de foca cangrejera ha nacido en el suelo, como todos los pinnípedos. Su madre deberá defenderlo de los pájaros depredadores.

El albatros errante

Los albatros son las aves marinas más grandes del mundo. Y entre ellos está el albatros errante, que es enorme. Es un viajero que pasa meses enteros sobrevolando el océano Austral.

Esta pareja de albatros errantes se reúne cada dos años en la misma isla para aparearse.

Juventud en solitario

El albatros errante pasa los seis primeros años de su vida solo. Sobrevuela el océano Austral sin pisar tierra. Se posa en el agua para pescar calamares y pulpos con el pico.

Un largo noviazgo

Hacia los siete años los jóvenes albatros vuelven a tierra, a la isla donde nacieron. El macho se acerca a la hembra y repiten varias veces el baile nupcial sin aparearse. Después se separan durante un año. Tras cuatro años de «noviazgo» se ha formado la pareja, que permanecerá unida hasta la muerte de uno de ellos.

Al mes de nacer, el pollo se queda solo en el nido, pues sus padres salen en busca de comida.

CARNÉ DE IDENTIDAD

NOMBRE: albatros errante

NOMBRE CIENTÍFICO:

Diomedea exulans

PESO (MACHO): entre 8 y 12 kilos

PESO (HEMBRA): entre 7 y 9 kilos

LONGEVIDAD: hasta 80 años, lo que es excepcional en las aves.

RÉCORD: la envergadura de sus alas es de 3,50 m.

El pelaje del joven albatros es oscuro. Se aclara poco a poco hasta volverse blanco al cabo de diez años.

Los orificios nasales le sirven para expulsar la sal que absorbe cuando come.

El largo pico tiene bordes afilados para cortar a sus presas.

Las alas se bloquean en pleno vuelo gracias a unos tendones. Así el albatros puede volar sin cansarse. Las dos alas extendidas miden 3,50 metros de un extremo al otro. Es la mayor envergadura del mundo.

Un huevo cada dos años

Al contrario de lo que ocurre con las otras aves, el albatros errante no se reproduce cada año, sino cada dos años. En la isla donde nacieron, el macho y la hembra representan su rito nupcial: bailan, se saludan y dan gritos. Construyen el nido con hierba y tierra. A finales de noviembre, la hembra pone un huevo de gran tamaño que pesa unos 500 gramos.

Una custodia compartida

La hembra incuba el huevo durante un mes, periodo en el cual no come ni bebe. Después el macho viene a ocupar su lugar. La pareja se va relevando para empollar el huevo durante 80 días. La eclosión tiene lugar en febrero. Los padres se quedan con la cría durante un mes.

Un pollo solo en el nido

El pollo se queda en el nido durante nueve meses. Los padres le traen comida almacenada en el buche, que es una bolsa del estómago. El pollo se protege del frío gracias al grueso plumón que lo cubre. Pero nada lo protege de los ataques del págalo, que es un ave cazadora.

El vagabundo de los mares

A los 9 meses, el joven albatros abandona a sus padres y alza el vuelo. Aprende a pescar y a dejarse llevar por el viento. Los marinos le han dado el apodo de «vagabundo de los mares». Puede recorrer 500 kilómetros al día dando tan sólo unos pocos aleteos.

Incordio de alas

En tierra el albatros es muy torpe por culpa de sus inmensas alas. A menudo pega volteretas al aterrizar. Anda dando saltitos con sus anchas patas y a veces se pisa a sí mismo y se cae.

El albatros de cabeza gris debe su nombre al plumaje gris que tiene alrededor de la cabeza y el cuello.

El albatros cejinegro tiene una sombra alrededor del ojo que le dibuja una ceja.

El albatros oscuro se diferencia de los otros albatros por su plumaje completamente gris.

Y además...

RECIÉN LLEGADOS

Con los humanos han llegado a algunas islas de la Antártida nuevas especies de animales. Por ejemplo, en las Kerguelen los hombres han introducido gatos, conejos, renos y muflones. ¡Hay incluso ratas que han viajado escondidas en los barcos!

UN GRAN COMILÓN

El págalo grande es un temible cazador. Come de todo: peces, huevos, pájaros y basura.

Incluso llega a perseguir a otras aves para robarles la comida.

EL KRIL

Este crustáceo de aproximadamente 6 cm es el alimento básico de las ballenas. El kril vive en grupos de hasta 2 millones de toneladas. Cuando esto ocurre, el banco de kril ocupa cientos de kilómetros bajo el agua.

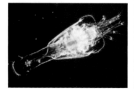

BEBÉS EN LA GUARDERÍA

Los bebés pingüino se apiñan en una especie de guardería y son vigilados de cerca por otros adultos mientras los padres se van a buscar alimento. Otras especies de animales, como los murciélagos o los flamencos rosas, tiene esta misma costumbre.

TRAJE BICOLOR

El petrel damero del Cabo debe este nombre al plumaje de su dorso. Las manchas blancas y negras forman un dibujo que recuerda un damero. Este pájaro vive sobre todo en plena mar, alrededor de las islas australes.

FRÍO EN LAS ALAS

El cormorán antártico es un ave marina palmípeda. Extiende las alas para secarse las plumas.

LA MIGRACIÓN DE LAS BALLENAS

Las flechas indican las rutas migratorias. En el hemisferio Norte las ballenas pasan el invierno en el sur (puntos rojos) y el verano en el polo (manchas rojas). En el hemisferio Sur, pasan el verano en el polo (puntos azules) y el invierno en el norte (manchas azules).

HUESOS PESADOS

Los pingüinos no vuelan, sino que nadan. Mientras que las otras aves tienen un esqueleto ligero para poder volar, los pingüinos tienen unos huesos pesados, que les permiten bucear y nadar.

LA BALLENA AZUL

También llamada rorcual azul. Esta ballena es el animal más grande del mundo. Puede llegar a medir 33 metros de largo y pesar 150 toneladas. Sólo la lengua pesa 5 toneladas. Rara vez

se asoma a la superficie, ya que prefiere nadar en las profundidades.

EL FULMAR ANTÁRTICO

El fulmar antártico o fulmar del sur puede beber agua de mar, pues posee una glándula de desalación que filtra la sal del agua. Expulsa la sal por los orificios nasales del pico, que tienen forma de tubo.

¡OJO CON EL CARACARA!

El caracara austral es un ave que pertenece a la familia de los halcones. Es ágil y atrevido y hace caídas en picado para atrapar pingüinos y pollos de albatros.

ASALTADOR DE NIDOS

La paloma antártica es la única ave de las islas australes que no es palmípeda. Merodea por las colonias de pingüinos y roba todo lo que encuentra a su paso para alimentarse: especialmente huevos y sobras de otros pájaros.

BARRERA CONTRA EL FRÍO

Para no pasar frío, los pinnípedos (otarios, focas y morsas) cuentan con diferentes defensas naturales. El cuerpo segrega un aceite que hace la piel impermeable. Y una espesa capa de grasa almacenada bajo la piel los aísla del frío.

FAMOSAS BARBAS

Las ballenas no tienen dientes, sino barbas, que son largas láminas córneas suspendidas de la mandíbula superior de la ballena. Son muy numerosas y forman una especie de cortina que retiene prisioneros a los crustáceos.

¿DÓNDE VIVEN LOS PINGÜINOS EMPERADORES?

En este mapa de la Antártida, el color naranja muestra las zonas donde anidan los pingüinos. El punto negro indica la colonia más grande.

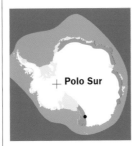

El color azul indica los lugares donde pescan.

EL LEÓN MARINO

Pertenece a la familia de los otarios. El macho es tres veces más grande que la hembra. Debe su nombre a su melena, que recuerda a la de un león.

SOLUCIÓN ANTICONGELANTE

Muchos peces del océano Austral viven

en el fondo del mar, en aguas muy frías, pero no se les congela la sangre. Poseen unas moléculas anticongelantes que circulan en la sangre e impiden que se formen cristales de hielo.

EL ALCA COMÚN

Las alcas viven en los mares fríos del hemisferio Norte. Pueden confundirse con los pingüinos porque tienen un aspecto parecido. De hecho, los franceses llaman «pingouin» al alca. Sin embargo, no pertenecen a la misma familia. Las alcas son más pequeñas y sólo miden unos 40 cm.

MAL OLOR

El petrel gigante, o fulmar gigante, es un primo del fulmar antártico. Pero es mucho más grande: tiene el tamaño de un albatros. Es carroñero: se alimenta de despojos de animales muertos. En caso de peligro, regurgitan un líquido de fuerte mal olor.

UN NIDO DESCUIDADO

El nido de los albatros mide casi 1 metro de diámetro y 30 cm de alto. Es una mezcla de tierra y de hierbas, de aspecto un poco descuidado.

Aun así, el pollo se quedará en el nido 300 días antes de levantar el vuelo.

Las altas montañas

Las altas montañas

Sobre las altas montañas del mundo hace un frío glacial, los vientos soplan con fuerza y falta el aire. Sin embargo, viven allí animales que se alimentan con poca cosa y que beben agua helada.

Las montañas más altas del mundo

En Asia, la cadena del Himalaya. El Everest tiene una altitud de 8 850 metros.

En América del Sur, la cordillera de los Andes. El monte Aconcagua se eleva a 6 959 metros.

En África, los volcanes extinguidos. El pico Uhuru, del Kilimanjaro, mide 5 895 metros.

Otras altas cumbres: en América del Norte, el monte McKinley; en Europa, el monte Elbruz; en Indonesia, el pico Jaya.

Como en los polos

Escalar una montaña es como viajar del ecuador a los polos. A medida que se sube va haciendo cada vez más frío. Abajo la temperatura puede ser tropical y en la cima hace un frío polar. La vegetación va cambiando con la altitud.

Como en las islas

Los animales que viven en las cumbres de las montañas están tan aislados como si vivieran en islas. Debido al cambio de temperatura, no pueden bajar a los valles. Por eso algunos animales viven exclusivamente en estas zonas.

Casi como en el desierto

En la montaña, los animales disponen de mucho espacio, pues escasean los humanos y los depredadores. Pero la comida y el agua también escasean, y las condiciones de vida son tan duras que pocas especies sobreviven.

Los corredores de los altiplanos

En América del Sur, la vicuña, el guanaco, la llama y la alpaca viven en el altiplano de los Andes, a altitudes de hasta 5 700 metros. Estos animales de la familia del camello tienen un espeso pelaje. Resisten fuertes vientos y temperaturas muy bajas.

El guanaco es el doble de grande que la vicuña. Come hierba y hojarasca.

La vicuña

La vicuña puede abrir y cerrar los orificios nasales a voluntad. Los cierra para no aspirar las nubes de polvo que transporta el viento.

Comida escasa

En el altiplano andino predomina la vegetación rasa y los arbustos son muy escasos. Para comer hierba, la vicuña estira el largo cuello hasta el suelo y atrapa matas de hierba con la parte superior del labio, que tiene partido en dos. Parte la hierba con los incisivos, sin arrancarla. La hierba es áspera y le desgasta rápidamente los dientes. Afortunadamente para ella, los dientes le crecen durante toda la vida.

Sus largas pestañas le protegen los ojos de los rayos del sol, que son más fuertes en las altas cumbres que en los valles.

El cuello, a pesar de ser muy largo, está formado sólo por siete vértebras, como el de la vaca.

Tiene el labio superior partido en dos, igual que el camello. La vicuña lo utiliza para atrapar las matas de hierba.

CARNÉ DE IDENTIDAD

NOMBRE: vicuña

NOMBRE CIENTÍFICO: *Vicugna vicugna*

LARGO DEL CUERPO: 1,10 m

ALTURA A LA CRUZ: de 85 a 95 cm

POBLACIÓN: unas 85 000, gracias a que están protegidas. En 1960 sólo quedaban 6 000.

RÉCORD: puede correr a 47 km/h a 4 500 metros de altitud.

PARTICULARIDADES: a diferencia del camello, necesita beber todos los días.

54

La piel de la llama está formada de largo pelo sedoso y rizado que la protege de los potentes rayos ultravioletas del sol. La cola es peluda y mide menos de 25 cm.

Tiene patas largas y finas que terminan en dos dedos.

Sus dos pequeñas pezuñas parecen uñas. Están unidas por una espesa almohadilla elástica que permite a la llama andar sobre pendientes pedregosas.

Salvajes y domésticas

La vicuña y el guanaco son animales salvajes. Viven en grupos compuestos por un macho y unas 5 a 8 hembras con sus crías. Cada grupo ocupa un territorio. En cambio, las llamas y las alpacas son animales domésticos. Los habitantes de los Andes las crían en manadas desde hace más de 6 000 años.

Una llama para todo

La alpaca y la llama son descendientes del guanaco. El pelo sedoso de la alpaca se utiliza para fabricar tejidos contra el frío. Los hombres crían la llama por su lana, su piel y su carne. También la utilizan para transportar mercancías por caminos de gran altitud, pues la llama es muy ágil para desplazarse por las pendientes.

Falta de aire

En altitud el aire es más escaso. La vicuña y sus parientes necesitan poco oxígeno. Sin embargo, como su sangre es rica en glóbulos rojos, almacenan todo el oxígeno que pueden en los pulmones. Eso les permite respirar en las cumbres igual que otros animales respiran en los valles.

Escupitajos de ira

Las llamas y las alpacas son muy agresivas. Cuando están en grupo, no dudan en atacar a sus depredadores, el zorro andino y el puma. Los machos les escupen el contenido de su tripa.

Esta alpaca es herbívora, como su ancestro el guanaco. En Perú come hierba a 4 000 m de altitud, más arriba de la ciudad inca de Machu Pichu.

El cóndor de los Andes

Este buitre es el ave voladora de mayor peso del mundo. A pesar de ello, el cóndor logra sobrevolar las cumbres de la cordillera de los Andes, ¡a más de 6 000 m de altitud! Pocas aves son capaces de vivir a tanta altura.

Ascensor hacia las cumbres

El cóndor se eleva en los aires sin necesidad de batir las alas. Para ello abre las alas en las corrientes de aire que suben montaña arriba, ya que el aire caliente del valle tiende a subir. De esta manera, el cóndor pasa de la orilla del mar a las cimas rápidamente y sin esfuerzo alguno. Planeando puede recorrer grandes distancias sin necesidad de aletear.

Una cabeza de buitre

El cuello del cóndor es largo y no tiene plumas. Así, cuando mete la cabeza en el cuerpo de su presa para comer, no se mancha las plumas de sangre.

La cresta carnosa es una particularidad del macho. Mide 10 cm de largo y 5 cm de alto.

Los cóndores de los Andes se reúnen por la noche para dormir.

El pico es robusto y ganchudo. No le sirve para matar, sino para cortar la carne.

La gorguera que tiene en la base del cuello está formada de plumón blanco.

¿Señor o señora?

El cóndor se hace adulto entre los seis y los ocho años. El macho y la hembra tienen rasgos distintos. La hembra es más pequeña y no tiene cresta; la piel de su cabeza es negra y la gorguera es más estrecha.

Durante el vuelo, el cóndor mantiene las alas extendidas y rígidas. Pueden medir hasta 3,10 m de un extremo a otro. ¡El tamaño de un coche!

Platos preparados

El cóndor de los Andes se alimenta de animales muertos. Se dice que es carroñero. Busca cadáveres de ciervos, llamas y pequeños mamíferos. A veces baja a las playas para despedazar una ballena o una foca varadas en la orilla. Si no encuentra carroña, llega incluso a atacar huevos de aves marinas, corderos o llamas jóvenes perdidas. Puede aguantar una semana sin comer.

Un pollo mimado

Una pareja de cóndores se une para toda la vida, salvo que ocurra un accidente. La hembra pone un huevo cada dos años en una cornisa resguardada de una pared rocosa, ya que a 3 000 o 4 000 metros de altitud no hay árboles para construir un nido. El macho y la hembra se relevan para incubar el huevo. Y cuando eclosiona ambos padres cuidan de la cría durante más de un año.

Admirado u odiado

Los incas veneraban al cóndor como a un dios. Más tarde, fue víctima de una mala reputación y fue muy perseguido, hasta desaparecer de algunas regiones de los Andes. Hoy día está protegido e incluso algunos lugares han sido repoblados.

El cóndor en pleno vuelo mete el cuello en la gorguera de plumón para soportar los vientos fríos de esas altitudes.

La vista del cóndor es ocho veces más fina que la nuestra. Puede divisar cadáveres de animales a más de un kilómetro de distancia.

El cóndor utiliza la cola como timón durante el planeo y la abre en abanico para frenar en el momento del aterrizaje.

En el aire, el cóndor tiene una silueta característica. Desde abajo, las plumas de los extremos de las alas parecen dedos de una mano.

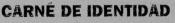

CARNÉ DE IDENTIDAD

NOMBRE: cóndor de los Andes
NOMBRE CIENTÍFICO: *Vultur gryphus*
ENVERGADURA DE LAS ALAS: 3,10 m
LARGO DEL CUERPO: 1 m

RÉCORD: vive aproximadamente 50 años en la naturaleza, y hasta 70 en cautividad.

Los herbívoros de las cumbres

El yac es el mamífero que vive a mayor altitud. En las montañas de Asia central trepa a más de 6 000 metros. Los otros herbívoros del macizo del Himalaya viven más abajo y van siguiendo el deshielo de la nieve para poder comer hierba tierna.

Doble forro

El yac resiste los vientos de esas altitudes y las temperaturas glaciales de –40 °C. Está bien protegido gracias a un abrigo de dos capas de pelo. La primera capa está formada por un pelo más corto y suave. Y, por encima, el yac está envuelto en una capa de pelo largo y áspero que llega hasta el suelo. En primavera, con el aumento de la temperatura, pierde la capa de pelo fino.

Una dieta de rumiante

El yac tiene que beber con frecuencia. Cuando no encuentra agua, come nieve. Se alimenta de hierba y, en invierno, de musgos y líquenes. Es un bovino y rumia, como las vacas: los vegetales fermentan en la panza, luego suben otra vez a la boca y vuelve a masticarlos.

Vida en manada

Las hembras y las crías de yacs salvajes viven en manada. Los machos se reúnen con ellas para el apareamiento. Pero la mayoría de los yacs son domésticos. Los hombres los crían por su leche, su carne y su lana, y para transportar cargas pesadas por las montañas.

Equipado como un montañés

Gracias a su doble capa pelo, el yac conserva el calor corporal. La temperatura interior es de 40 °C, lo que permite la fermentación de los vegetales de la panza.

La cabeza, ancha y maciza, tiene cuernos curvados que pueden llegar a medir 90 cm de largo. El yac los utiliza para escarbar en la nieve en busca de comida.

Al respirar por el hocico, el yac calienta el aire frío antes de que llegue a los pulmones.

CARNÉ DE IDENTIDAD

NOMBRE: yac
NOMBRE CIENTÍFICO: *Bos mutus*
PESO (MACHO): 800 kg
PESO (HEMBRA): 300 kg
POBLACIÓN: unos 10 000 en estado salvaje.
PARTICULARIDADES: es mudo.

Una piel muy apreciada

El antílope tibetano, o «chiru», vive a altitudes entre los 3 700 y los 5 500 metros. Soporta fríos terribles gracias a su pelaje aislante, formado por pelo hueco cinco veces más fino que el del hombre. Es el pelo más fino del mundo y mide 4 cm de largo como máximo. Se utiliza para hacer lujosos chales, calientes y ligeros. Pero, como los antílopes no se dejan esquilar fácilmente como las ovejas, a menudo son abatidos por culpa de su hermosa piel.

El antílope tibetano

Este pequeño antílope puede correr a 80 km/h por las altas planicies del Tíbet. Se desplaza en manadas en busca de pasto por la mañana y por la tarde. El resto del tiempo lo pasa acostado en un hoyo, al abrigo de los vientos helados.

Tres ungulados de las cumbres de Asia

El tahr del Himalaya tiene una espesa melena sobre los hombros y el cuello. A pesar de ello es muy friolero. Cuando llega el otoño desciende a los valles que están a menos de 2 500 metros de altitud. En primavera vuelve a subir a 5 000 metros.

El bharal del Himalaya tiene el pelo corto. Se llama también carnero azul debido a los reflejos azulados de su piel. Vive en las pendientes rocosas y frías de las montañas del Himalaya y de Sichuan, entre 2 500 y 6 500 metros de altitud.

El markhor es una especie de cabra con el pelo muy largo. Pero su piel no está reforzada con la capa de pelo fino, como la del yac. Por eso el markhor desciende a 700 metros de altitud para pasar el invierno.

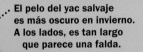

El pelo del yac salvaje es más oscuro en invierno. A los lados, es tan largo que parece una falda.

Pezuñas en la montaña

El yac, el chiru, el tahr, el bharal y el markhor tienen pezuñas. Sin embargo, se desplazan con agilidad en las pendientes, incluso cuando están nevadas. Se agarran a las rocas gracias al borde afilado de sus pezuñas y, no se resbalan porque tienen suelas antideslizantes.

El yac tiene en cada pata dos pezuñas que cubren los dos dedos centrales de cada extremidad. Al andar, el yac se apoya sólo en dos dedos de cada pata que aguantan todo el peso.

Un cuerno para cada uno

Los cuernos crecen continuamente, como las uñas, y no se ramifican ni se caen.
Los cuernos del yac se meten hacia dentro y los del bharal, hacia fuera. El markhor los tiene en espiral y los del chiru son rectos. Los gruesos cuernos del tahr son aplanados por los lados. Estos animales utilizan los cuernos para defenderse, escarbar en la nieve y marcar su territorio, frotándolos contra las rocas.

El leopardo de las nieves

El leopardo de las nieves es el único felino auténticamente montañés. Vive en el centro de Asia, entre 2700 y 6000 metros de altitud. Este gran felino, escaso y misterioso, ha adaptado su técnica de caza a las pendientes nevadas.

Los colmillos, largos y puntiagudos, son afilados como cuchillos. El leopardo los clava en la garganta de sus presas para matarlas.

Estrategia de caza

El leopardo de las nieves caza en solitario. Por la tarde sale de las rocas en las que se refugia y recorre siempre los mismos caminos para inspeccionar el terreno. Detecta a las presas con el olfato. Sigue su rastro y se acerca a 15 metros de la presa. Y allí la sorprende saltando sobre ella.

Cazador de marmotas

El leopardo de las nieves se alimenta de toda clase de animales salvajes. Captura presas más grandes que él, como el bharal o el markhor. Pero también puede cazar pequeños roedores, como la marmota bobac o el pika, e incluso algunos pájaros. En invierno baja a los valles y ataca a jabalíes, ciervos y también ganado doméstico.

Un vasto territorio

El leopardo de las nieves es un animal arisco y poco abundante. Es más fácil ver sus huellas en la nieve que toparse con uno en plena naturaleza. Cada leopardo de las nieves tiene su propio territorio de caza. Se lo apropia al alcanzar la edad adulta. Cuanto más escasas son las presas, más grande se hace su territorio, que puede extenderse de 20 a 100 km². El leopardo de las nieves marca los límites de su territorio con el olor que deja en sus zarpazos, con su orina y con sus excrementos. Así indica su presencia a otros leopardos de las nieves.

CARNÉ DE IDENTIDAD

NOMBRES: leopardo de las nieves o pantera de las nieves

NOMBRE CIENTÍFICO: *Uncia uncia*

POBLACIÓN: es difícil hacer un recuento, entre 3 000 y 7 000. Está en peligro de extinción por culpa de la caza y el comercio de su piel.

LONGEVIDAD: unos 20 años

PARTICULARIDADES: no ruge.

RÉCORDS: puede saltar 10 metros de largo y 4 metros de alto.

Los cachorros de leopardo de las nieves acompañan a su madre a cazar a partir de los tres meses. No se independizarán hasta los dos años. A esta edad ya saben cazar solos.

Los amoríos de un gran solitario

El macho y la hembra viven casi siempre aislados, cada uno en un valle, y evitan toda compañía. Pero durante el periodo de reproducción, entre febrero y marzo, la hembra desprende un olor que atrae al macho. Es la época del año en la que puede tener cachorros. El macho recorre largas distancias para encontrarse con la hembra. Cazan en pareja durante unos días y después de aparearse se separan. Unos cien días más tarde la hembra tiene dos o tres crías que pesan entre 350 y 700 gramos. Durante la primera semana tienen los ojos cerrados.

Escuela de caza

La hembra cría ella sola a los cachorros. Los amamanta de 8 a 10 semanas, pero cuando cumplen el primer mes les empieza a traer presas pequeñas. Hacia los tres meses los cachorros la siguen a la caza. Empiezan observándola cuando salta para matar a la presa y luego la imitan. Así van aprendiendo a cazar. A los dos años los jóvenes ya saben cazar. Abandonan a su madre y vagan por la montaña antes de dar con un territorio donde haya presas abundantes. Vivirán solos y únicamente buscarán la compañía de otros leopardos de las nieves en el breve periodo de apareamiento.

El cazador del Himalaya

Sus sentidos más desarrollados son el oído y el olfato, ya que el leopardo de las nieves caza sobre todo de noche.

La piel a manchas negras lo vuelve casi invisible en los pedregales de las rocas nevadas.

La cola mide más de 80 cm y la utiliza de contrapeso cuando se lanza al ataque. También le sirve de manta en la que se enrolla para calentarse.

La piel es muy lanosa. El pelo puede medir hasta 12 cm en la parte del vientre.

Tiene anchas almohadillas forradas de pelo bajo las patas, que impiden que se hunda en la nieve.

El gorila de montaña

Los gorilas de montaña viven en las faldas de los volcanes extinguidos del centro de África, entre 1 500 y 4 000 metros de altitud. Por el día andan bajo la lluvia, en medio de la niebla o el barro. Para dormir, se acuestan en el frío de la noche sobre un colchón de hojas.

Muy pequeño bajo la lluvia

El gorila macho es muy robusto. La hembra es dos veces más pequeña y la cría es muy frágil. Durante los tres primeros meses la madre aprieta a la cría contra ella para protegerla de las frecuentes lluvias, pues un golpe de frío podría acabar con ella. Después, la cría sigue a su madre colgada de la espalda. Y a los dos años y medio ya sabe andar sola. Deja de mamar y empieza a comer vegetales como los adultos.

La hembra tiene una cría cada cuatro años. La cría vive con la madre entre ocho y diez años.

CARNÉ DE IDENTIDAD

NOMBRE: gorila de montaña

NOMBRE CIENTÍFICO: *Gorilla gorilla beringei*

PESO AL NACER: 2 kilos

PESO (MACHO): hasta 200 kilos

PESO (HEMBRA): hasta 100 kilos

LONGEVIDAD: 30 años

POBLACIÓN: unos 700, en peligro de extinción.

RÉCORD: puede levantar ¡hasta 500 kilos!

Bien abrigadito

El gorila está equipado para hacer frente a estas condiciones de vida tan difíciles, ya que su espeso pelaje es impermeable e impide que se le moje la piel. Además, el pelo en los brazos le crece hacia arriba, de modo que la lluvia no le resbala hacia las manos.

Al joven macho le crece en la espalda pelo plateado desde los doce años. En ese momento, se separa del grupo en el que nació para fundar su propio clan.

Los gorilas viven en grupos dirigidos por un macho adulto con la espalda plateada.

El macho de espalda plateada

La parte superior del cráneo forma una especie de cresta. De ella nacen los fuertes músculos que permiten al gorila mascar plantas correosas.

El gorila tiene los dientes grandes y afilados. Le sirven para romper las fibras de los vegetales y para pelar la corteza de los árboles.

El gorila puede ponerse de pie, pero anda a cuatro patas. Se apoya en la planta de los pies y en las falanges de las manos. De pie un macho adulto puede llegar a medir 2 metros.

El jefe de la banda

En un grupo de cinco a diez gorilas hay siempre un macho dominante. Es el que tiene la espalda plateada, que es el jefe. Todos los demás deben obedecerle o irse. Es el único macho que se aparea con las hembras del grupo.
Si se acercan otros gorilas o cazadores, los intimida golpeándose el pecho con estrépito.

Todos los días, al andar, el gorila come ¡entre 10 y 20 kilos de vegetales!

Comedor de verdura

A pesar de su gran fuerza, el gorila no es un depredador. Busca hojas, frutas y raíces para alimentarse: brote de bambú, apio, ortigas, perejil gigante, brezo. Pasa muchas horas recolectándolos, por la mañana y por la tarde.

Y además...

EL QUE MÁS ALTO VUELA

Hay aviones que han visto ánsares calvos volar a 10 000 metros de altitud. Esta ave anida al borde de lagos de montaña en Asia central y pasa el invierno al sur, en la India. Sobrevuela las montañas más altas, el Himalaya, dos veces al año.

EL TAKÍN DEL HIMALAYA

Este herbívoro se parece mucho a una vaca. Busca sal a altitudes de hasta 4 000 metros.
La obtiene lamiendo determinadas rocas.

EL TECHO DE ÁFRICA SE DERRITE

La cumbre del Kilimanjaro, que eleva sus 5 895 metros por encima de las llanuras de Tanzania, está cubierta de nieve. Debido al recalentamiento del planeta sus hielos se están derritiendo y pueden llegar a desaparecer en quince años.

UN ABRIGO DE PIEL

La piel de los animales no emite calor como una estufa. Sólo impide que el calor del cuerpo en los mamíferos se disperse, pues el pelo

mantiene una capa de aire aislante pegada al cuerpo.

LOS FLAMENCOS ROSAS

En los Andes hay tres especies de flamencos. A 4 000 metros de altitud se alimentan de crustáceos de los lagos salados. Tienen el pico revestido de unas laminillas que les permiten filtrar el agua.

HA NACIDO UN «CAMA»

Los padres son primos: es hijo de un camello y de una llama. El pequeño «cama» nació en el zoo de Dubai, en Arabia. Sus padres nunca habrían podido conocerse en libertad,

ya que el camello vive en Asia y la llama, en América del Sur.

EL PUMA DE LA CORDILLERA DE LOS ANDES

Los pumas viven en todo el continente americano, tanto en la nieve como en las zonas pantanosas. El puma de la cordillera de los Andes sube a las altas planicies para cazar vicuñas y llamas.

EL OSO DE ANTEOJOS

Su nombre se debe a los círculos de pelo blanco que le rodean los ojos. Este oso es el único que vive en América del Sur, a 2 700 metros de altitud. Se alimenta de

plantas coriáceas, aunque puede comer maíz cultivado.

LA ESTACIÓN DEL HENO

En el Himalaya, los pikas tibetanos buscan hierba rasa a

5 400 metros de altitud.
La ponen a secar al sol y después las guardan entre las rocas cerca de sus madrigueras.
Así se hacen su despensa para el invierno.

EN EL TECHO DEL MUNDO

Los alpinistas que escalan el Everest y otras cumbres del Himalaya reciben visitas de las chovas piquigualdas. A 8 000 metros de altitud, estos parientes de los cuervos vuelan cerca de los campamentos para picotear restos de comida.

EL LOBO ABISINIO

Este lobo es el más escaso del mundo. Sólo vive en África, en las altas mesetas de Etiopía.
Se alimenta de ratas-topo que solo viven en estas regiones.

UN RECUERDO DE LOS ANDES

El degú se vende en las tiendas de animales como mascota.
En estado salvaje este pequeño animal vive en los Andes en pequeños grupos.

DESCALZO POR LA NIEVE

Muchos animales no tienen ni pelo ni plumas en los pies.
El calor del cuerpo podría dispersarse en el hielo. Pero la circulación de la sangre se hace más lenta en las patas y así conservan la cabeza caliente, a 38 °C y los pies a 5 °C, fuera de peligro de congelación.

TRUCOS ANTICONGELANTES DE LAS AVES

Cada pájaro tiene su forma de adaptarse al frío.
En los Andes, la temperatura del colibrí gigante baja a 10 °C durante las frías noches. Y el tinamú escarba con el pico y las patas una madriguera para no congelarse.

LA LIEBRE DE LA PAMPA

También recibe el nombre de vizcacha. Vive en América del Sur en altitudes de hasta 5 000 metros si encuentra hierba, musgo o líquenes que comer. Hiberna durante los periodos más fríos.

INSECTOS EN EL AIRE

En las altas montañas, la mayoría de los insectos no tiene alas y los que las tienen se quedan casi siempre pegados al suelo para evitar que se los lleve el viento.
Y como no crecen plantas se alimentan de restos de las planicies que traen los vientos.

EL SILBADOR DE LAS CUMBRES

Cuando una rapaz sobrevuela las cumbres, en el suelo cunde el pánico. Algunos animales dan la alarma silbando: en el Himalaya, las marmotas; en los Andes, las vizcachas y las vicuñas.

LOS BASUREROS DEL HIMALAYA

Los buitres comen la carne de animales muertos por derrumbamientos y avalanchas. Después, los quebrantahuesos se llevan los huesos del esqueleto y los dejan caer en pleno vuelo para romperlos y comerse la médula.

PIEL SUAVE

La chinchilla es un pequeño roedor que vive en los Andes.
Ha sido blanco de cazadores durante mucho tiempo por su piel, muy apreciada en peletería.
Hoy se vende como mascota.

LOS ANIMALES DE CARGA

Son animales domésticos que cargan pesados bultos. Transportan mercancías por los caminos escarpados. En los Andes son las llamas y en el Himalaya, los yacs.

Los desiertos cálidos

Los desiertos cálidos

Los grandes desiertos cálidos del mundo están situados bajo los dos trópicos. A pesar del calor y de la falta de agua, en ellos se desarrollan plantas, animales e incluso algunos seres humanos.

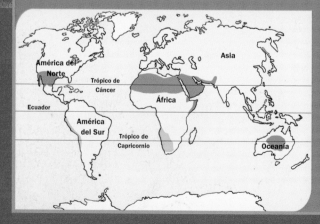

Tierras sin agua

Los desiertos cálidos continentales de África, Asia, América del Norte y Australia son áridos. En las zonas que están por encima de las regiones ecuatoriales recorren los desiertos corrientes de aire caliente que ha perdido toda la humedad.

A pesar de estar cerca del océano, los desiertos cálidos de las costas de África y de América del Sur son secos.
El viento frío procedente del mar no es húmedo.

La falta de agua

Los desiertos tienen una característica común: la aridez. En estas regiones caen menos de 250 mm³ de lluvia al año. La lluvia se infiltra en el suelo o se evapora muy deprisa. En algunos lugares la lluvia no cae en años.

Variaciones extremas

Como la humedad del aire es débil, no hay nubes sobre los desiertos. Por el día, los rayos del sol caen directamente al suelo y la temperatura aumenta muy deprisa. Por la noche, la temperatura baja de golpe y el calor se dispersa.

El reino del viento

En los desiertos hay muy poca vegetación debido a la falta de agua, y por lo tanto la comida escasea. A ras de suelo, el viento arranca los granos de arena y de tierra y se los lleva a miles de kilómetros.

Los animales del Sahara

El Sahara es el desierto más grande del mundo. Ocupa un tercio del continente africano. En este desierto cálido la temperatura es muy variable. Algunos días de verano llega a los 50 °C a la sombra. Pero en invierno suele helar en el norte del Sahara.

El chacal recorre el desierto tanto de día como de noche. Nunca se aleja de los bebederos, porque tiene que beber muchas veces al día.

La ganga vuela por la mañana y por la tarde hasta un bebedero, se moja las plumas y lleva agua al nido para los pollos.

① En el desierto las plantas absorben la humedad del aire durante la noche. Cuando llueve, germinan y florecen. Almacenan agua en sus pequeñas hojas coriáceas. Existen 1 200 especies de plantas en el Sahara.

② El oasis se extiende alrededor de un manantial de agua. Las plantas crecen gracias al agua subterránea.

③ El erg es el desierto de dunas que cubre el 20% del Sahara.

④ La hamada es el desierto rocoso. Sus acantilados pueden medir hasta 300 metros.

⑤ El reg es una vasta extensión llana y pedregosa que cubre el 80% del Sahara.

El addax se instala por la mañana en un agujero cavado junto a un arbusto. Por la tarde, se cambia de lado, siguiendo la orientación de la sombra.

La víbora de las arenas retuerce el cuerpo hasta quedar enterrada casi por completo.

El escorpión no tiene miedo al calor del día, pues está protegido gracias a su caparazón.

El pez de arena está activo en las horas de calor. Si detecta algún peligro, se entierra rápidamente en la arena.

6 El lagarto geco sale de noche. Localiza a sus presas, los insectos, gracias a sus grandes ojos.

7 El jerbo sale de su madriguera por la tarde en busca de semillas y restos de plantas.

8 El escorpión caza presas nocturnas, como la araña solífuga.

9 El gato del Sahara o gato de las arenas caza de noche, cuando no hace calor.

10 En cuanto se pone el sol el addax empieza a buscar plantas que ramonear.

11 El búho real es una rapaz nocturna. Detecta a las presas con el oído.

10

El feneco prefiere salir justo antes del atardecer. Le es más fácil cazar de noche, pues así sorprende a los pájaros diurnos que duermen en el suelo.

La rata canguro se mueve dando pequeños saltitos.

9

6

7

El feneco

El feneco sobrevive en las regiones del Sahara donde durante años no cae la lluvia. Este carnívoro, primo del perro, es el zorro más pequeño del mundo. Caza presas como los jerbos o las ratas canguro, que también son campeones de supervivencia en el desierto.

El zorro del desierto

Sus grandes orejas miden 13 cm de alto. A la sombra, la sangre del feneco se refrigera en la zona de las orejas, y al circular refresca todo el cuerpo.

Su pelo claro absorbe menos calor que el pelo oscuro, y además le sirve de camuflaje sobre la arena del desierto.

Un extenso territorio

El feneco vive en todo el Sahara. No puede sobrevivir sin madriguera, por eso no se instala en las dunas, cuya arena es muy blanda. También evita las zonas rocosas, pues el suelo es demasiado duro para que pueda escarbar con las garras.

Una madriguera acondicionada

Durante el día, se queda en la madriguera para protegerse del calor. Puede excavar hasta 2 metros de profundidad. Mientras que la temperatura fuera llega a 70 °C, en las galerías el aire es húmedo y la temperatura no sobrepasa los 25 °C.

Vida en familia

La pareja de fenecos habita en la misma madriguera durante años. En primavera la hembra tiene tres o cuatro cachorros y los amamanta durante dos meses. A los nueve meses las crías se separan de los padres.

Cazador nocturno

Al ponerse el sol baja la temperatura y el feneco sale de la madriguera, al mismo tiempo que sus presas. Puede oír sus sonidos desde lejos. De esta manera se ahorra persecuciones y cansancios inútiles.

Gracias a sus grandes orejas, el feneco puede captar el mínimo ruido a su alrededor.

El pelaje lanoso retiene el aire y así protege su cuerpo del calor en verano y del frío en las noches de invierno.

La suela de sus patas está forrada de pelo para que el feneco no se hunda en la arena.

Comidas ligeras

El feneco captura pequeños roedores como jerbos, canguros roedores y meriones. Caza pájaros que están en el suelo, como las alondras ibis. También come presas pequeñas, como lagartos o insectos. No tiene prácticamente enemigos entre los animales del desierto.

Sin bebida

El feneco no necesita beber agua. Le basta la sangre de sus presas. Efectivamente, incluso los saltamontes tienen jugo: están compuestos de agua en un 70 %. Después de hacer la digestión, el feneco almacena esa agua en su cuerpo. Su piel no transpira, sus excrementos son muy secos y apenas orina unas gotas al día.

CARNÉ DE IDENTIDAD

NOMBRE: feneco o zorro del desierto
NOMBRE CIENTÍFICO: *Vulpes zerda*
PESO AL NACER: 40 g
PESO ADULTO: 1 kilo
LARGO DEL CUERPO: 40 cm
ALTURA A LA CRUZ: 20 cm
LARGO DE LA COLA: 25 cm
RÉCORD: la superficie total de las orejas (por los dos lados) es cuatro veces mayor que la de toda su cabeza.
PARTICULARIDADES: puede aguantar sin beber varias semanas en los lugares más áridos.

Campeones del desierto

En el desierto algunos roedores pueden recorrer hasta diez kilómetros durante la noche en busca de comida. Mordisquean semillas y plantas coriáceas. Y cuando no crecen plantas se alimentan de restos de vegetación que transporta el viento.

Dos presas del feneco

El jerbo sale en cuanto se pone el sol. Una suela de pelo protege sus patas.

La rata canguro salta con sus patas traseras sin tocar apenas la arena abrasadora.

La víbora cornuda

Como todos los reptiles, la víbora cornuda del Sahara necesita calor, pues sólo se activa cuando su cuerpo está muy caliente. Toma la temperatura ambiente. Puede reptar en la arena abrasadora, su espesa piel cubierta de escamas evita las quemaduras e impide que se seque.

Cazar al acecho

La víbora cornuda prefiere los suelos duros de los regs, que están recubiertos de una fina capa de arena. Durante el día se esconde en el polvo y sólo asoman sus dos cuernos. Si se le acerca un lagarto, salta rápidamente sobre él.

Cazar merodeando

La víbora sale a cazar al final del día, entre el crepúsculo y la noche. Inspecciona los matojos de hierbas en busca de pájaros que duermen en el suelo. También se desliza por las madrigueras para pillar por sorpresa a jerbos, canguros roedores o meriones.

Carraca disuasoria

Cuando la víbora cornuda oye que se aproxima un feneco o un gato de las arenas, huye reptando hacia atrás, hincha el cuerpo y se enrolla sobre sí misma. Entonces emite un temible ruido frotando las escamas de su piel unas contra otras.

Primer plano de la víbora cornuda

Cada cuerno está formado de una única escama de 5 mm de alto.

El cuerpo mide de 55 a 65 cm de largo, está cubierto de escamas y termina en punta.

Tiene la lengua bífida y la utiliza para captar el olor de sus presas.

La cabeza es triangular y con la base ancha. En ella están las glándulas venenosas.

En la arena tibia, la víbora cornuda repta deslizando todo el cuerpo y la cabeza sobre el suelo.

Andar sin patas

Como todas las serpientes, la víbora cornuda repta. Las serpientes se desplazan sobre el vientre puesto que no tienen patas. En la arena dejan huellas perpendiculares a su recorrido.

Mudar la piel

Las serpientes cambian de piel varias veces a lo largo de su vida. Se dice que mudan. La piel escamosa no es flexible y con cada muda las serpientes crecen unos centímetros. La piel nueva se desgasta al reptar.

Sobre la arena ardiente, la víbora cornuda repta con la cabeza erguida y apoyándose con la parte central del cuerpo.

Los venenos del desierto

La víbora inyecta el veneno a su presa cuando la muerde.
Al abrir la boca, los colmillos venenosos se extienden como las hojas de una navaja y los músculos comprimen las glándulas venenosas. El escorpión también tiene glándula venenosa, situada al final del abdomen. Sólo inyecta el veneno si la presa es difícil de atrapar.

Comer sin masticar

Las serpientes son carnívoras. Se alimentan de presas vivas y se las tragan sin más. Las víboras cazan lagartos, roedores y pájaros. Las presas mueren en el estómago. Al acabar la digestión, regurgitan los huesos y los pelos.

Otros tres reptiles del Sahara

El varano gris es el lagarto más grande del Sahara. Es un veloz corredor. En distancias cortas puede alcanzar los 20 km/h.

La víbora de las arenas vive en las dunas de los ergs. En menos de diez segundos es capaz de hundirse en la arena.

El pez de arena es en realidad un lagarto, también conocido como escinco o eslizón. Ante el peligro, se «sumerge» y «nada» en la arena.

El dromedario

El dromedario vive sobre todo en las regiones áridas del Sahara, de Arabia y de la India, en las que es un animal doméstico. En Australia pueden encontrarse algunos salvajes. El dromedario es capaz de resistir condiciones extremas de calor y de sequía.

Cara a cara con el sol

Para tener menos calor, el dromedario se pone de cara al sol, para exponer a los rayos solares la menor parte posible de su cuerpo. Respira despacio y cuando espira el vapor se condensa en las fosas nasales y le resbala a la boca.

Temperatura variable

Por la noche la temperatura de su cuerpo baja a 34 ºC. En pleno día sube a 40 ºC. Entonces, el sudor le empapa el pelo y de este modo se forma una capa de aire húmedo pegada a la piel.

Ahorro en agua

El dromedario bebe entre 20 y 50 litros cada tres o cuatro días. Pero puede aguantar dos semanas sin beber, puesto que conserva el agua en su cuerpo: sólo expulsa medio litro de orina al día y sus excrementos son muy secos.

El dromedario hembra amamanta a su cría hasta los 9 meses, pero puede alargarlo hasta los 18.

El pelaje claro devuelve parte de los rayos del sol y la espesa piel protege su cuerpo del calor y del frío.

Las largas patas lo mantienen a distancia del suelo caliente. Terminan en dos grandes dedos cubiertos de pelo grueso.

CARNÉ DE IDENTIDAD

NOMBRE: dromedario

NOMBRE CIENTÍFICO: *Camelus dromedarius*

PESO: entre 450 y 600 kilos

LARGO DEL CUERPO: entre 2,50 m y 3,30 m

ALTURA: 2,40 m desde el suelo hasta la joroba

PARTICULARIDADES: puede cargar casi 300 kilos de equipaje sobre la espalda.

RÉCORD: es capaz de correr a 25 km/h; si está cargado, anda a 3 o 4 km/h.

Un comedor de hierba en el desierto

El dromedario es un animal herbívoro. En el desierto se alimenta de plantas espinosas y de hierba seca. Come también flores que nacen después de la lluvia. Y al terminar la digestión forma reservas de grasa en la joroba, que le proporciona la energía que necesita y algo de agua cuando no tiene qué comer ni qué beber.

Los dromedarios pueden llegar a beber 100 litros de agua en diez minutos.

Un caminante incansable

Su única joroba contiene una reserva de 9 a 15 kilos de grasa. El dromedario «bebe» de ella cuando no tiene nada de comida ni de bebida, y en ese caso la joroba va menguando.

Puede abrir y cerrar los orificios nasales cuando quiere, y así se protege de las tormentas de arena.

Tiene unos grandes ojos con unas pestañas muy largas que los protegen de los rayos solares y del polvo de las tormentas.

Un dromedario para todo

En el desierto, los hombres utilizan a los dromedarios para sus desplazamientos y para transportar mercancías. También los utilizan para tirar en las norias de agua. Y además aprovechan su carne, su piel y su leche.

¿Camello o dromedario?

Los hombres del desierto llaman camellos a sus dromedarios. Pero para nosotros el dromedario tiene una joroba y el camello dos.

Otros ungulados del desierto

La gacela dorcas vive en África del Norte y en Arabia. Los cuernos empiezan a crecerle al mes de nacer.

El addax se mueve por las regiones de África del Norte en busca de comida. Ha sido mucho tiempo blanco de los cazadores por sus cuernos en forma de espiral. Está en peligro de extinción.

El camello bactriano tiene dos jorobas. En Turquía, Mongolia y China es un animal doméstico. Algunos viven en estado salvaje en las llanuras áridas y frías de Asia.

El órix del Cabo

El órix del Cabo, también llamado gamsbok, es un antílope del desierto de Namibia, que es el más viejo del mundo. En este desierto costero, situado al borde del océano Atlántico, el órix puede pasar varias semanas sin beber.

Un nómada

El órix vive en el sur de África y se adentra en el desierto de Namibia. Es herbívoro. Para encontrar comida suficiente, surca el desierto recorriendo cientos de kilómetros en busca de plantas ricas en agua, como, entre otras, el pepino salvaje. Estas plantas crecen gracias a la humedad del aire, ya que, en Namibia, más de un centenar de noches al año la niebla cubre el desierto.

Lucha contra el calor

El órix tiene un pelaje claro, que absorbe menos calor que un pelaje oscuro. Sólo se desplaza por la mañana y por la tarde, cuando hace menos calor. A veces sube a la cresta de las dunas para refrescarse con el soplo del viento. En pleno día se queda cerca de algún arbusto y jadea aceleradamente. Es su forma de refrescarse sin deshidratarse.

CARNÉ DE IDENTIDAD

NOMBRE: órix o gemsbok
NOMBRE CIENTÍFICO: *Oryx gazella*
PESO: entre 150 y 200 kilos
LARGO DEL CUERPO: entre 1,60 m y 2 m
LARGO DE LA COLA: hasta 80 cm
LARGO DE LOS CUERNOS: entre 65 cm y 1,20 m
RÉCORD: es uno de los pocos animales cuyo cuerpo puede alcanzar una temperatura de 45 °C sin morir.

El desierto de Namibia tiene 2 000 km de largo y entre 80 y 200 km de ancho. Se extiende en el suroeste de África al borde del Atlántico, donde una corriente marina muy fría, la corriente de Benguela, sube desde la Antártida. El viento marino transporta granos de arena y forma dunas de 300 metros de altura.

Viven en el desierto de Namibia

❶ Los elefantes buscan agua escarbando las cuencas de los ríos secos.

❷ La manada de órices aprovecha los agujeros cavados por los elefantes.

❸ Los flamencos rosas se quedan en las marismas cerca de la costa.

El nacimiento de la niebla

En el desierto de Namibia el sol calienta la arena durante el día. La escasa agua que ésta contiene se va evaporando. La arena a su vez calienta el aire y por la tarde se pueden alcanzar los 40 °C. Por la noche llega viento fresco del mar y la temperatura baja hasta 14 °C. El vapor de agua contenido en el aire se condensa formando una densa niebla en el desierto.

La bebida del escarabajo

Por la mañana temprano, las gotitas de niebla se posan en el suelo, ya más fresco. Las plantas que tienen las raíces en la superficie del suelo absorben el agua. El escarabajo de Namibia se instala en una duna con la espalda al aire y bocabajo. Así, la niebla llevada por el viento se condensa en su cuerpo y las gotas de agua resbalan hacia su boca.

El río de los elefantes

La niebla trae al desierto más agua que la lluvia, ya que en Namibia caen menos de 12 mm³ de lluvia al año. Después de la lluvia, el desierto cambia de color, germinan las semillas y florecen las plantas. Pero la lluvia se infiltra muy deprisa en la arena. Los elefantes, escarbando el suelo con la trompa, pueden beber agua pura de los ríos subterráneos.

Tres reptiles de Namibia

El lagarto de las dunas corre levantando las patas alternativamente. De este modo consigue tocar la arena el menor tiempo posible y no quemarse.

El geco pasa el día enterrado en la arena. Por la noche corre hacia las dunas para cazar insectos. Gracias a sus membranas interdigitales no se hunde en la arena húmeda.

El camaleón se calienta por la mañana pegando el cuerpo contra el suelo. Durante el día se esconde a la sombra de los arbustos secos y acecha, muy quieto, insectos de los que se alimenta.

El suricata

Los suricatas viven en grupos en el desierto de Kalahari, al sur de África. En esta región semiárida soportan un calor infernal en los días de verano y vientos gélidos en las noches de invierno. Además, estos animales tienen numerosos depredadores.

Cuando el suricata escarba en el suelo, cierra sus orejas de cavador. De este modo evita el riesgo de que le entren arena o agua en caso de inundación.

Los suricatas escogen el lecho de un río seco para cavar su madriguera, donde el suelo es calcáreo y por lo tanto sólido, al contrario de las dunas de arena.

Las patas delanteras tienen garras de 1,50 cm, que el suricata utiliza para escarbar en el suelo, atrapar la comida y asear a sus compañeros.

Su pelaje gris es denso y compacto. Esto lo protege contra las picaduras de serpientes. Además, su color arena le ayuda a camuflarse.

Las patas traseras son alargadas, lo que le permite ver de lejos poniéndose en pie.

La cola mide unos 20 cm de largo y le sirve de apoyo. Gracias a ella, el suricata puede mantenerse en pie sin perder el equilibrio.

Los pequeños suricatas no salen de la madriguera hasta que no cumplen un mes. Pero la madre tiene que salir a comer para producir buena leche. Entonces un adulto del grupo cuida a las crías. Cuando a los dos meses de edad los jóvenes suricatas siguen al grupo a cazar, son vigilados de cerca por un suricata mayor.

En busca de comida

Por la noche puede llegar a helar en el desierto de Kalahari. Los suricatas se apiñan en la madriguera. Salen por el día, cuando los rayos del sol ya han calentado el suelo, y se ponen a buscar comida. Buscan animales pequeños, insectos o arañas escondidos en el suelo. Se pasan el día cavando en la arena para descubrirlos.

Rebuscar en grupo

Los suricatas se organizan en bandas de siete a treinta individuos dirigidos por un macho dominante. Son muy solidarios. Juntos exploran todos los rincones de un terreno. Cavan y remueven la arena para captar olores. Si descubren un lagarto, lo atacan entre dos o tres.

El papel del centinela

Los suricatas del grupo se turnan en el puesto de vigilancia. El suricata que está de guardia se esconde en un arbusto de pie apoyándose sobre las patas traseras y vigila el horizonte. Si no hay enemigos a la vista, emite un sonido para tranquilizar a los otros. Pero si aparece un cazador, como un chacal o un águila marcial, pega un grito estridente y todos los suricatas se agrupan en posición de ataque o corren a esconderse.

CARNÉ DE IDENTIDAD

NOMBRE: suricata
NOMBRE CIENTÍFICO: *Suricata suricatta*
PESO: entre 600 y 900 gramos
LONGEVIDAD: entre 12 y 14 años
RÉCORD: una hembra puede llegar a tener al año tres camadas de cuatro crías cada una.

Los suricatas no se alejan nunca más de 50 metros de la entrada de su madriguera.

La entrada de la madriguera se reconoce por el montón de arena que la rodea. A menudo tienen que despejarla, ya que se obstruye por culpa de los vientos de arena.

La ardilla de tierra comparte muchas veces la madriguera con los suricatas, con quienes convive en paz.

Los pasillos miden 30 cm de largo y 15 cm de ancho. Comunican las cámaras entre sí.

A veces una cobra se instala en la madriguera. En los combates bajo tierra los suricatas llevan todas las de perder.

En las cámaras, los suricatas duermen apiñados unos contra otros para darse calor.

Animales del desierto australiano

Australia está cubierta en sus tres cuartas partes por tierras áridas. En los desiertos de arena roja crecen matas de hierba puntiagudas y árboles espinosos. Algunos animales que viven en ellos no se hallan en ningún otro lugar del mundo.

El reino de los reptiles

El clima de los desiertos australianos es muy apto para los reptiles. A los lagartos y las serpientes les gusta el calor y en Australia, bajo el trópico de Capricornio, puede llegar a hacer 38 °C a la sombra durante seis meses seguidos. Además, los reptiles necesitan poca agua para vivir, y como caen al menos 90 mm³ de lluvia al año tienen siempre bastante agua.

La despensa del pez de arena

El pez de arena es un reptil de las regiones áridas. Gracias a su piel acorazada no transpira. Se desliza bajo las hojas secas para cazar insectos y carroña. Cuando ha llovido, come caracoles, flores y frutos. Para sobrevivir al hambre y a la sequía, almacena grasa en la cola.

Las goteras del diablo

El reptil australiano más impresionante es el moloc o diablo espinoso. Tiene la piel cubierta de puntas que lo protegen de sus depredadores. Pero también le sirven para retener el rocío de la noche: por la mañana, el moloc inclina la cabeza y el agua resbala por los surcos de su piel como si fueran goteras hasta la boca.

Reptiles de Australia

El varano de arena puede medir hasta un metro de largo. Se alimenta de pájaros y mamíferos, pero también come serpientes y lagartos, vivos o muertos. Utiliza la lengua para captar el olor de sus presas.

El lagarto cola de troncho mide entre 30 y 35 cm. Recibe también el nombre de lagarto piña, debido a la extremidad redondeada de su cola y a su espalda, cubierta de un caparazón formado de escamas gruesas.

El moloc también recibe el nombre de diablo espinoso. Mide aproximadamente 15 cm y, a pesar del aspecto y su piel cubierta de escamas espinosas, es un lagarto inofensivo para el hombre.

El lagarto de gorguera o clamisosaurio mide unos 60 o 70 cm de largo. Cuando es atacado, ahuyenta a su enemigo abriendo la boca de par en par y desplegando el collarín de colores que tiene alrededor de la cabeza.

Animales peculiares

Australia está aislada desde hace 65 millones de años. Se convirtió en una isla en la época en que desaparecieron los dinosaurios. Así pues, los animales han evolucionado en ella sin la competencia de especies de otros continentes. De ahí que la mayoría de las especies australianas no exista en ningún otro lugar. Se dice que estas especies son endémicas.

Mamíferos sorprendentes

Los pequeños mamíferos se desarrollan casi siempre en el interior del vientre de la madre. Son los mamíferos placentarios.
En Australia, algunos mamíferos, como el equidna, ponen huevos. Son mamíferos ovíparos. Otros, como el canguro, tienen crías que se desarrollan en la bolsa ventral de la hembra. Son los mamíferos marsupiales.

Un pájaro corredor

El emú es un animal endémico de Australia. Aunque tiene alas, es un ave que no vuela. A veces las extiende para refrescar el cuerpo. Es nómada y frecuenta las praderas áridas y el monte bajo. Se desplaza siguiendo las nubes que traen lluvia. De este modo, después de una tormenta, cuando los árboles y las plantas dan frutos y semillas, se adentra en el desierto. El emú puede viajar grandes distancias corriendo para ir a beber a una fuente de agua dulce.

Un ratón del desierto

Este animalillo del desierto australiano parece un ratón, pero no es un roedor. Es un mamífero marsupial llamado kowari o rata marsupial. Mientras que un ratón tiene al año hasta diez camadas de entre cuatro y siete crías, un kowari sólo tiene dos camadas de menos de ocho. Las crías se desarrollan durante seis meses, cada una sujeta a una glándula mamaria.

En los desiertos de Australia

❶ El topo marsupial mide 13 cm. Cava su madriguera en las dunas gracias a sus alargadas garras. Carece de ojos y tiene la nariz protegida por una placa córnea. Se alimenta de insectos.

❷ El sapo cisterna pesa 350 gramos. Almacena agua en la vejiga para poder hacer frente a la sequía. Entre lluvia y lluvia se esconde bajo el suelo. Puede llegar a sobrevivir dos años bajo tierra.

❸ El emú es el ave más grande de Australia. Mide 1,80 metros de alto y pesa entre 30 y 55 kilos. No puede volar, pero corre a 48 km/h. Es el macho el que incuba los huevos y cría luego a los pollos.

❹ El canguro frecuenta las praderas áridas. A veces se adentra en el desierto, donde puede recorrer hasta 200 km en busca de un bebedero, ya que no puede estar mucho tiempo sin beber.

Y además...

UN MINI MININO

El gato de las arenas vive en el Sahara y es el felino más pequeño de África. Sus garras están poco afiladas, puesto que no son completamente retráctiles y se desgastan con la arena.

EL ARMADILLO O QUIRQUINCHO PELUDO

El armadillo o quirquincho peludo se adentra en el desierto de Atacama, en Chile. Este desierto costero está bañado de niebla, como el de Namibia. Y menos mal, pues este lugar ostenta el récord del mundo en cantidad de años sin lluvia.

ABANDONADOS

En el siglo XIX algunos exploradores importaron en Australia dromedarios y luego los abandonaron. En este continente hay actualmente más de 500 000 dromedarios en estado salvaje.

PEQUEÑA PERO OREJUDA

La liebre de California pesa unos 3 kilos.

Vive en el desierto de Chihuahua, en Estados Unidos. Tiene unas orejas muy grandes, de hasta 15 cm de largo. A la sombra evacua el calor del cuerpo a través de las orejas, igual que hace el feneco del Sahara.

CUIDADO CON LA MOFETA AFRICANA

Este pequeño carnívoro vive por todo el norte de África. La mofeta africana se esconde en los arbustos. Por la noche caza roedores, pajaritos e incluso escorpiones.

EL UROMASTYX DE ÁFRICA DEL NORTE

Este gran lagarto de colores cambiantes pasa casi toda su vida bajo tierra. Se alimenta de insectos y acumula sus reservas alimenticias en la cola.

QUÉ VERDE ERA EL DESIERTO

Hace seis mil años, el Sahara tenía un clima más templado y estaba cubierto de vegetación. Tenía muchos ríos e inmensos lagos. Hoy, en cambio, en algunos lugares sólo llueve cada diez años.

EL ZORRO VELOZ

Este pequeño zorro, llamado zorro veloz, vive en el desierto. Con sus grandes

orejas parece un feneco. Y, al igual que su primo africano, vive en una madriguera durante el día y sale a cazar por la noche.

UNA SOMBRILLA EN EL DESIERTO

Cuando el sol aprieta en pleno día, la ardilla de tierra de África del Sur levanta la peluda cola por encima de la espalda. Así, este pequeño roedor puede andar a la sombra con esta curiosa sombrilla cuando sale a buscar semillas o raíces de las que se alimenta.

UN LAGARTO HINCHADO

El chucualá o chacahuala vive en los desiertos rocosos de América del Norte. Para ahorrarse sustos y ataques se esconde entre las rocas e hincha el cuerpo. Se alimenta de frutos, hojas y flores. Almacena agua en los pliegues de su vientre.

AIRE ACONDICIONADO

En el desierto de Sonora, en América, crecen saguaros, cactus que pueden llegar a los 15 m de altura. Los pájaros carpinteros hacen agujeros que enseguida son ocupados por lechuzas del tamaño de un gorrión. Allí se protegen del calor y crían a sus pollos.

UN MONSTRUO VENENOSO

En el desierto de Mohave, en Estados Unidos, vive el monstruo de Gila. Este reptil de 40 cm de largo es uno de los pocos lagartos venenosos del mundo. Pero su veneno no es mortal para el hombre.

NUBES DE LANGOSTAS

Las langostas del desierto pueden llegar a atravesar el Sahara transportadas por el viento.
Estos pequeños

animales salen del Norte de África y llegan hasta el Sahel, donde devoran todas las cosechas y las plantas que hallan a su paso.

LA RATA CANGURO DEL DESIERTO

Este roedor no vive en Australia, sino en el valle de la Muerte, que es la región más cálida de América del Norte. Se mueve como un canguro, dando saltos de 60 cm de alto. De este modo, sus patas tocan poco rato el suelo abrasador.

AL AVESTRUZ NO LE GUSTA LA ARENA

El avestruz de la sabana africana vivió hace tiempo en el Sahara.
Esta ave corredora prefería evitar la arena y vivía en las zonas rocosas. Buscaba vegetales repletos de agua y pasaba meses sin beber.

MIC-MIC, EL CORRECAMINOS

Este gran pájaro, famoso por los dibujos animados, vuela raras veces, pero corre muy deprisa y puede alcanzar los 30 km/h. Vive en el desierto al sur de Estados Unidos. Se alimenta de insectos y lagartos, aunque también puede matar serpientes con el pico. Incuba él mismo los huevos, no para darles calor, sino para evitar que se cuezan al sol.

EL LINCE DEL DESIERTO

El caracal es el felino más grande del Sahara desde que los guepardos han desparecido de este desierto. Al anochecer caza roedores y pájaros, que mata de un zarpazo cuando salen volando.

LA ARMADURA DEL DESIERTO

La tortuga de espuelas debe su nombre a las escamas puntiagudas que forman como aguijones en sus patas. Esta tortuga gigante vive al sur del Sahara y puede medir hasta 80 cm de largo. Durante la estación cálida, se mete en una madriguera muy profunda y se queda quieta sin comer. Se dice que está en letargo.

EL JARDINERO DEL DESIERTO

El addax no lo sabe, pero hace que las plantas crezcan en el desierto, ya que pastando los arbustos espinosos se come muchas semillas. No las digiere, sino que las expulsa en sus excrementos. Estas semillas, cuya cáscara se reblandece, salen ya listas para germinar.

¡CARAY CON LA COBRA!

La cobra que vive en los confines del desierto mide entre 1,50 y 2 metros de largo. Se yergue cuando se siente amenazada y su mordedura es fulminante.
Los egipcios de la antigüedad dieron la forma de esta serpiente a la diosa que protegía al faraón escupiendo fuego.

Las sabanas tropicales

Las sabanas tropicales

L a sabana es sobre todo conocida por sus inmensas llanuras en África, pero también existe en otras regiones del mundo. Es una zona intermedia entre las selvas tropicales y los desiertos.

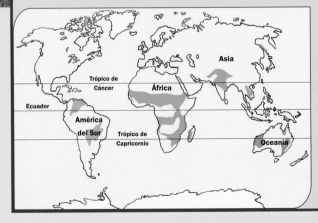

Las sabanas del mundo

■ La sabana africana, la más famosa se extiende desde África del Sur hasta el desierto del Sahara.

■ La sabana más grande de América del Sur está en Brasil. Se llama el Cerrado, que significa «sabana» en portugués. La otra se halla en Venezuela y se conoce como Los Llanos.

■ En el centro de India hay otras dos zonas de sabana.

■ En Australia, la sabana o bush está formada por llanuras de hierba sembradas de eucalipto y acacias.

Una llanura sin árboles

La sabana es una inmensa llanura cubierta de hierba resecada por el sol. En ella crecen escasos árboles: en África, sobre todo crecen acacias. «Sabana» significa pradera sin árboles.

El paso de las estaciones

La sabana tiene un clima tropical con dos estaciones. Durante la estación seca, la más larga, la vegetación escasea. Los animales emigran hacia zonas más arbóreas. Durante la estación de las lluvias, las plantas reviven.

Una inmensa despensa

La vegetación de la sabana es menos abundante que la de la selva, pero tiene la particularidad de que crece muy deprisa. De ella se alimentan enormes manadas de herbívoros que a su vez son comida para muchos depredadores.

El elefante africano

El elefante africano es el animal terrestre más grande. Este herbívoro pacífico vive desde hace mucho tiempo en la sabana africana. El hombre lo ha cazado siempre por sus colmillos de marfil, y hoy está en peligro de extinción.

Los elefantes andan en fila india detrás de la matriarca.

Familias de hembras

Los elefantes viven en grupos de familias compuestas por un número de entre siete y quince hembras con sus crías.
La hembra más vieja es la jefa del grupo o matriarca.
Es ella la que dirige a la manada, pues conoce los bebederos, los pastizales y las rutas peligrosas. Transmite su sabiduría a las hembras más jóvenes.

En continuo movimiento

Los elefantes recorren permanentemente la sabana en busca de agua y comida.
Cada uno come unos 200 kilos de hierba al día. Los pequeños grupos familiares se reúnen cerca del agua. Los elefantes de la misma manada se reconocen entre ellos por el olfato y por el tacto de la trompa. Siempre dan con los miembros de su familia.

CARNÉ DE IDENTIDAD

NOMBRE: elefante de la sabana africana
NOMBRE CIENTÍFICO: *Loxodonta africana*
TAMAÑO: 4 metros de alto
PESO: hasta 7 toneladas
LONGEVIDAD: unos 70 años
POBLACIÓN: está muy mal calculado: entre 300 000 y 600 000.
RÉCORD: los colmillos más largos miden 3,5 metros.

Una banda de solteros

Cuando los jóvenes machos llegan a los 11 años, abandonan a la familia y se van a vivir en bandas. A partir de los 20 años empiezan a acercarse a las hembras para aparearse. Se pelean entre ellos y el vencedor se gana el derecho de apareamiento. Después vuelven a irse a vivir con otros machos.

Los jóvenes machos se entrenan para el combate antes de acercarse a las hembras.

Los elefantes van siempre buscando agua: ¡beben unos 100 litros de agua al día!

Primer plano del elefante africano

Los colmillos son dientes incisivos. Los utiliza para remover la tierra, rascar la corteza de los árboles y combatir.

Las orejas son bastante más grandes que las del elefante asiático.
Las agita cuando tiene calor para rebajar un poco la temperatura de la sangre.

La piel es muy rugosa y, sin embargo, muy sensible.
El elefante la cubre a menudo de polvo para protegerla.

La trompa está formada por cientos de músculos y pesa hasta 200 kilos.
Es muy flexible y se retuerce hacia todos lados.

Las patas terminan en dedos cubiertos de una almohadilla de piel. Esta suela flexible le permite andar sin hacer ruido.

Una trompa para todo

El elefante utiliza su poderosa trompa para arrancar las matas de hierba.
Pero también puede recolectar frutos delicadamente, gracias a los labios que la culminan.
¡También puede ducharse con ella!

Dos colmillos de marfil

El elefante ha sido siempre muy perseguido por el hombre a causa de sus magníficos colmillos de marfil. El hombre es el principal depredador del elefante, ya que los otros cazadores de la sabana, como los felinos, no se atreven a atacar a un grupo de elefantes.

Las hembras tienen una cría cada cuatro años. El bebé pesa unos 100 kilos y la madre lo amamanta hasta los 2 años. Aunque a los 3 meses empieza a probar la hierba.

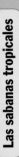
La jirafa

Es el animal más alto del planeta. A pesar de su gran tamaño, la jirafa anda con mucha distinción. Con su largo cuello y su pequeña cabeza bien torneada, este elegante herbívoro es el señor de la sabana africana.

La jirafa tiene una larga lengua de 50 cm.
Es negra y áspera, insensible a las espinosas acacias.

Un cuello multiusos

Gracias a su larguísimo cuello, la jirafa alcanza la comida que está en alto.
Con sus 5 metros de altura llega a las hojas que los otros animales no alcanzan.
La jirafa también utiliza el cuello para mantener el equilibrio al andar. Y además le sirve de arma de defensa en los combates entre machos, pues se golpean con esta parte del cuerpo.

Los machos mordisquean las hojas de las acacias desde abajo, con la cabeza y el cuello estirados.

Siempre alerta

Frente a los leones, que son su único depredador, la jirafa sólo tiene un medio de defensa: huir. Por eso se pasa el tiempo oteando el horizonte. Duerme poquísimo, únicamente se echa siestas de tres minutos incluso por la noche. El momento en que es más vulnerable es cuando bebe, con la cabeza hacia abajo y las patas delanteras separadas.

Un centinela muy práctico

Las jirafas van a menudo acompañadas de ñúes, gacelas y cebras. Cuando se ponen nerviosas, levantan la cabeza y ponen rectas las orejas, y eso alerta a otros herbívoros.

La espalda es inclinada, pues las patas delanteras son más largas.

La cola mide un metro y se levanta cuando la jirafa corre.

Sus pezuñas están partidas en dos. Las utiliza para defenderse en caso de un ataque de león.

Las patas se levantan de dos en dos: primero las del lado derecho, luego las del izquierdo.

Para beber, las jirafas tienen que abrir completamente las patas delanteras.

Primer plano de la jirafa

Los cuernos son excrecencias óseas cubiertas de piel. Las hembras tienen dos, los machos, dos o cuatro.

Los ojos le permiten ver un hombre a 2 km de distancia.

El cuello tiene siete vértebras, como el de todos los mamíferos.

Las vértebras miden 40 cm cada una. Por eso su cuello es tan largo.

Las jirafas tienen crías a partir de los 3 años. Después tienen una cada dos años.

Un bebé gigante

Durante el parto la madre se queda de pie. La cría cae desde uno o dos metros de altura. Se queda un poco atontada, pero se levanta y se pone a mamar. ¡Mide 1,80 metros! A los 16 meses, abandona a la madre y se va con otras jóvenes jirafas.

CARNÉ DE IDENTIDAD

NOMBRE: jirafa **NOMBRE CIENTÍFICO:** *Giraffa camelopardalis*

TAMAÑO: de 4 a 6 metros de alto

PESO: entre 1 y 2 toneladas

LONGEVIDAD: entre 20 y 30 años

VELOCIDAD: 50 km/h al galope

RÉCORD: el cuello puede medir hasta 3 metros de largo.

CARACTERÍSTICA PARTICULAR: hay ocho subespecies de jirafas. Se distinguen por el dibujo de la piel.

¿Cómo se levanta la jirafa?

❶ Cuando está tumbada, la jirafa dobla el cuello hacia atrás y posa la cabeza en el suelo.

❷ Para levantarse, levanta el cuello y lo balancea hacia delante y hacia atrás para tomar impulso.

❸ Se apoya en las patas delanteras, que están dobladas.

❹ A continuación, baja la cabeza hacia el suelo para levantar las posaderas.

❺ Por fin se levanta apoyándose en las patas traseras y al final estira las delanteras. ¡Y ya está de pie!

La cebra de Burchell

La cebra es pariente del caballo. Es más pequeña y tiene el cuerpo más rechoncho y completamente cubierto por unas rayas que le llegan hasta el final de la cola. Este animal vive junto con otros herbívoros en la sabana africana.

El jefe de la banda

Las cebras son animales gregarios, es decir, que viven en manadas. Las familias, de unos quince individuos, están dominadas por un macho que protege a las hembras y a las crías de los depredadores. También defiende el harén de sus rivales, los machos solitarios. Cuando muere el jefe de la manada, la familia es adoptada por otro macho. Los jóvenes machos de entre 2 y 5 años viven en bandas y después se van en busca de hembras para fundar su propia familia.

Una migración al año

Todos los años, durante la estación seca, las cebras se mueven en busca de pastizales. Recorren cerca de 500 kilómetros en la sabana, al este de África. Por la tarde, las familias se reúnen cerca de los bebederos, formando grandes grupos. Tienen que tener cuidado con los cocodrilos, que las atacan a menudo.

Comer hierba sin rumiar

La cebra es un herbívoro. Pasa el día y parte de la noche comiendo hierba. No se detiene para rumiar y masticar la hierba, como hacen las vacas. Para tragar toda esta comida, la cebra tiene que beber cerca de diez litros de agua diarios.

Una cebra se defiende de una hiena

Inspira por las fosas nasales para captar los olores. Y en caso de peligro alerta a su familia haciendo vibrar sus fosas nasales.

Las crines tienen forma de escoba y son del mismo color que las rayas.

Las orejas se mueven hacia todos lados y la cebra les da vueltas para oír mejor.

Tiene dientes de herbívoro: los incisivos cortan la hierba y las muelas la mastican.

Las cebras de las llanuras viven en las regiones del este del continente africano.

CARNÉ DE IDENTIDAD

NOMBRE: cebra de Burchell
NOMBRE CIENTÍFICO: *Equus hippotigris burchellii*
ALTURA A LA CRUZ: 1,30 metros
PESO: entre 200 y 380 kilos
LONGEVIDAD: 30 años
VELOCIDAD AL GALOPE: 60 km/h
POBLACIÓN: cerca de 300 000. Es la más extendida de las tres especies de cebras que existen.

Rayas exclusivas

Las rayas forman un dibujo exclusivo en cada cebra. Las cebras de la misma familia se reconocen entre sí gracias a las rayas, que varían de una especie a otra. Las de la cebra de Burchell son muy largas y le cubren también el vientre.

Su cola, también rayada, sirve para espantar a los insectos.

Cada pata termina en una pezuña al igual que en los demás équidos. Sus bordes afilados son una eficaz arma de defensa.

Sus patas traseras dan una coz a la hiena que la ataca. Son el principal medio de defensa de la cebra.

La hiena es un temible cazador. Pequeña, pero agresiva. Sus mandíbulas son muy poderosas.

La cebra de montaña tiene rayas largas negras y el vientre blanco.

La cebra de Grévy se reconoce por sus rayas finas que hacen círculos alrededor de la cola.

Frente a los leones

El principal depredador de la cebra es el león. Las rayas de la cebra son una defensa natural para engañar al enemigo. Cuando las cebras están en manada se mezclan todas las rayas y al león le cuesta distinguir la cabeza y el cuerpo de una sola presa.

Cuando se queda aislada, la cebra no tiene ninguna oportunidad de escapar.

Los antílopes

En la sabana africana los antílopes, ya sean ligeros, como las gacelas, o más robustos, como los ñúes, viven en manadas. Así se protegen de los numerosos depredadores que los acechan, pues en estas regiones hay muy pocos sitios donde esconderse.

Pequeños antílopes

Las gacelas son antílopes ligeros y distinguidos. La gacela de Thomson pesa menos de 30 kilos; la de Grant es más grande, pero no supera los 60 kilos. Las hembras son más pequeñas que los machos.

Machos y hembras tienen cuernos que crecen a lo largo de toda su vida y nunca se caen.

Bebés fuertes

La gacela hembra da a luz a una sola cría cada vez. La gacela de Thomson es la única que tiene dos crías al año. Una hora después del parto, el recién nacido se levanta y unos días más tarde ya anda cerca de la madre en medio de la manada.

Durante la estación seca, las gacelas Thomson comen los brotes de hierba más verdes. Así no necesitan beber tanto.

Primer plano de la gacela de Grant

Los cuernos anillados están formados por un hueso soldado al cráneo y cubierto de un estuche córneo.

Las orejas son grandes y tienen muchos vasos sanguíneos. La sangre se refresca al circular por ellas.

Las patas son largas y finas. Las articulaciones permiten a la gacela hacer movimientos hacia delante y hacia atrás, pero no hacia los lados.

El pelaje de color pardo de la espalda la ayuda a camuflarse entre la hierba seca de la sabana.

El hocico tiene dos orificios nasales. Para refrescarse, la gacela respira mu rápido y puede llegar respirar hasta 300 vec por minuto.

El pelaje blanco del vientre y del interior de los muslos la protege del calor que sube del suelo.

La gacela sólo tiene dos dedos, por lo que tiene dos pezuñas en cada pata.

El antílope sable es uno de los antílopes más grandes de África. Puede llegar a pesar 300 kilos. Los cuernos del macho miden hasta 1,50 metros de largo. Los utiliza para impresionar a sus enemigos.

El impala es un pequeño antílope de unos 60 kilos de peso. Sólo los machos tienen cuernos. Los usan como arma cuando se enfrentan entre sí durante la época de celo. El vencedor del combate se queda con las hembras de la manada.

El gerenuk, llamado también gacela jirafa, pesa unos 50 kilos. Se alimenta exclusivamente de hojas que recoge de los árboles poniéndose de pie sobre las patas traseras. Solo los machos tienen cuernos.

El ñu es un antílope de gran tamaño. Pesa cerca de 200 kilos. Debe su nombre al gruñido que emite cuando emigra.

La migración de los herbívoros

Los antílopes comen hierbas y hojas. En la estación seca, se agrupan en enormes manadas con otros herbívoros. La tropa, atraída por las lluvias, recorre cientos de kilómetros hacia los pastizales. Las gacelas y los ñúes se comen la hierba rasa, pues las cebras, que los han precedido, ya se han comido la hierba alta.

El ataque de los depredadores

Los antílopes constituyen el menú favorito de muchos depredadores. Son perseguidos por grandes felinos, como los leopardos, los guepardos o los leones, y por otros carnívoros, como los chacales, las hienas, los licaones e incluso los cocodrilos. Estos últimos los sorprenden cuando van a beber.

Los árboles se defienden

Cuando un antílope la emprende con una acacia, sólo puede comer algunas hojas, ya que el árbol, agredido, cambia rápidamente la composición de las hojas, que se vuelven tóxicas. Al mismo tiempo, emite una sustancia que alerta a las acacias vecinas. Entonces el antílope se ve obligado a recolectar comida andando con el viento en contra.

Una digestión lenta

Al igual que las vacas, los antílopes son rumiantes. Cortan la hierba, se la tragan y hacen una primera digestión gracias a las bacterias que habitan en la panza, que es un estómago especial. Luego vuelven a traer esa mezcla a la boca y mastican hasta hacer una papilla que se acaban tragando. Tardan tres días en digerir una comida de hierbas y hojas.

El gran kudú es otro antílope. Los cuernos helicoidales del macho pueden llegar a medir más de un metro de largo.

El rinoceronte blanco

Con su silueta maciza y sus dos cuernos puntiagudos, el rinoceronte blanco es uno de los animales más impresionantes de África. Este primo lejano de caballos y cebras es un herbívoro más bien tímido. Sólo se pone agresivo si es molestado.

¿Por qué blanco?

El nombre de rinoceronte blanco engaña, pues... tiene la piel gris.
De las cinco especies de rinocerontes que hay en el mundo, ésta es la más numerosa.
En la sabana africana se encuentra también el rinoceronte negro: es más escaso, más pequeño y... ¡también gris!

Un gigante tranquilo

El rinoceronte blanco es un animal solitario. Aunque casi siempre es muy tranquilo y no busca pelea, a veces puede llegar a enfadarse. Suele quedarse dentro de su territorio, que no llega a 100 km². Es un animal de costumbres: sigue siempre los mismos itinerarios a las mismas horas. Después de comer su ración de hierba se relaja con un baño en algún arroyo o en el mar.

Historia de un cuerno

Por su imponente tamaño, el rinoceronte no tiene miedo de los otros animales de la sabana. Su depredador más temible es el hombre, que desde hace siglos le da caza por sus cuernos, usados en algunas medicinas tradicionales.
El rinoceronte blanco está hoy día en peligro de extinción.

El rinoceronte blanco

La piel es muy gruesa y no tiene pelo. Insectos y parásitos, como las garrapatas, se alojan en los numerosos pliegues de su piel.

La joroba de la espalda es una masa de potentes músculos que sirven para sujetar su pesada cabeza.

Los miembros cortos y musculosos permiten al rinoceronte cambiar rápidamente de dirección.

❶ La garcilla bueyera se alimenta de insectos que ahuyenta el rinoceronte a su paso.

❷ El picabueyes es un pájaro que se puede ver posado sobre todos los herbívoros de la sabana. Picotea los insectos y parásitos alojados en la piel.

Las patas tienen tres dedos y cada dedo está cubierto con una pezuña.

CARNÉ DE IDENTIDAD

NOMBRE: rinoceronte blanco
NOMBRE CIENTÍFICO: *Ceratotherium simum*
LARGO: 4 m **ALTURA:** 1,80 m
PESO: entre 3 y 4 toneladas
LONGEVIDAD: 45 años **POBLACIÓN:** cerca de 11 000
VELOCIDAD: 45 km/h a la carga
RÉCORD: el cuerno más largo puede medir 1,40 m.
PARTICULARIDADES: ¡tiene cuernos en la nariz!

Cada uno en su casa

El macho vive solo. Delimita su territorio marcando el suelo con orina y excrementos. En la estación de celo, atrae a las hembras a su territorio para aparearse. Las hembras viven en pequeños grupos.

Los machos se pelean cuerno contra cuerno para defender su territorio.

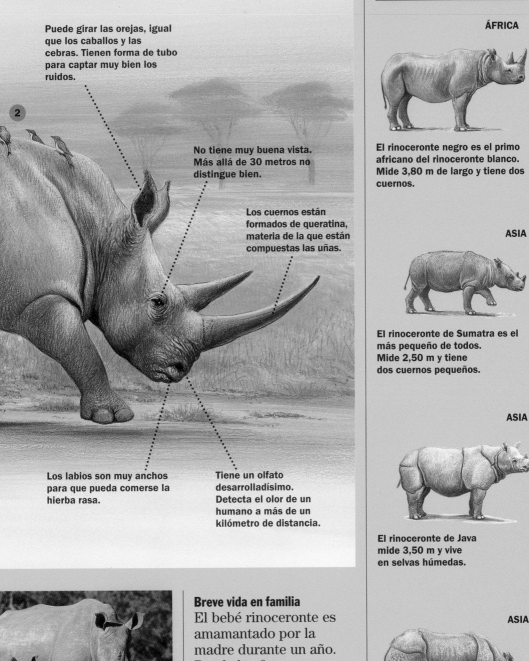

Puede girar las orejas, igual que los caballos y las cebras. Tienen forma de tubo para captar muy bien los ruidos.

No tiene muy buena vista. Más allá de 30 metros no distingue bien.

Los cuernos están formados de queratina, materia de la que están compuestas las uñas.

Los labios son muy anchos para que pueda comerse la hierba rasa.

Tiene un olfato desarrolladísimo. Detecta el olor de un humano a más de un kilómetro de distancia.

La madre protege a la cría de los poco probables ataques de hienas.

Breve vida en familia

El bebé rinoceronte es amamantado por la madre durante un año. Desde las 6 semanas empieza a comer hierba de la sabana, se queda con la madre hasta los 2 o 3 años y después ella lo echa de su lado cuando espera otro bebé.

Los primos del rinoceronte blanco

ÁFRICA

El rinoceronte negro es el primo africano del rinoceronte blanco. Mide 3,80 m de largo y tiene dos cuernos.

ASIA

El rinoceronte de Sumatra es el más pequeño de todos. Mide 2,50 m y tiene dos cuernos pequeños.

ASIA

El rinoceronte de Java mide 3,50 m y vive en selvas húmedas.

ASIA

El rinoceronte de la India mide 4,20 m. Es el más grande y el más pesado de todos los rinocerontes.

El hipopótamo

Apesar de su aspecto inofensivo, el hipopótamo es uno de los habitantes más peligrosos de la sabana. Es el animal que más hombres mata en África. Los demás animales no se equivocan con el hipopótamo y normalmente lo dejan en paz.

El hipopótamo abre su enorme boca para intimidar a sus enemigos. O incluso para bostezar. Sus colmillos miden 50 cm.

Un jefe autoritario

Los hipopótamos viven en grupos de diez a quince individuos, dirigidos por un macho dominante que es muy autoritario. Los demás hipopótamos le muestran respeto inclinando la cabeza y a veces hasta echándose al suelo delante de él.

Un carácter colérico

Si un macho se niega a someterse al macho dominante, estallan violentos combates entre ambos rivales. Los hipopótamos están llenos de cicatrices de mordiscos, y algunos incluso mueren por las heridas.

Noches completas

El hipopótamo está muy despierto durante la noche. Elige ese momento para ir a comer los 60 kilos de hierba que necesita. Todas las noches el grupo recorre varios kilómetros a través de caminos que se han ido abriendo por su paso repetido. El hipopótamo descansa durante el día. Así evita las horas de sol.

Los hipopótamos pasan gran parte de su tiempo en el agua para evitar que se les seque la piel.

La madre cuida mucho de su cría. La amamanta durante un año y juega mucho con ella.

Una piel de bebé

La piel del hipopótamo es muy gruesa. Pero como carece totalmente de pelo es muy frágil y sensible. Para impedir que lo invadan parásitos como la garrapata o los piojos, el hipopótamo suele restregarse en el fango. La espesa capa de barro lo protege también de los rayos del sol y del calor. Sin esta protección, el hipopótamo, que suda mucho, podría deshidratarse.

El caballo de río

La palabra «hipopótamo» viene del griego y significa «caballo de río». Este animal se ha adaptado tanto a la vida terrestre como a la acuática, y por eso se dice que lleva una vida anfibia. Es capaz de almacenar mucho oxígeno en los pulmones y aguanta hasta cinco minutos sin respirar bajo el agua. Tiene el cuerpo adaptado para ello, por ejemplo, sus dedos son ligeramente palmeados.

El hipopótamo vive en aguas poco profundas. Para avanzar, da pequeños saltos.

CARNÉ DE IDENTIDAD

NOMBRE: hipopótamo
NOMBRE CIENTÍFICO:
Hippopotamus amphibius
PESO (MACHO): de 3 a 4 toneladas
PESO (HEMBRA): 1,5 toneladas
ALTURA A LA CRUZ: 1,30 a 1,50 m
LONGEVIDAD: unos 45 años
RÉCORD: la cabeza del hipopótamo pesa 200 kilos.

El hipopótamo tiene un cuerpo enorme y unas patas cortas. No obstante, es capaz de alcanzar los 45 km/h.

El cocodrilo del Nilo

Se conoce como cocodrilo del Nilo, pero no sólo vive en Egipto. Podemos encontrar este reptil en diferentes regiones de África, cerca de ríos, lagos y zonas pantanosas. Es un animal muy temido porque frente a él no hay oportunidad de escapar.

Un cazador acuático

El cocodrilo es anfibio: puede vivir tanto en la tierra como en el agua, aunque está más a gusto en el agua. Sus orificios nasales le permiten respirar mientras tiene el cuerpo sumergido en el agua. De este modo se acerca a sus presas sin ser visto. También puede mantener la boca abierta bajo el agua sin tragar, y así puede mantener a sus presas atrapadas en sus fauces y ahogarlas.

Las mandíbulas del cocodrilo son terribles: tienen más de sesenta dientes. Abre a menudo la boca para regular la temperatura interior del cuerpo.

Un cuerpo de asesino

Las mandíbulas son extraordinariamente fuertes, capaces de atrapar a cualquier animal.

Los dientes son afilados como cuchillos y se renuevan cada dos años.

Los ojos tienen un segundo párpado, transparente, que se cierra bajo el agua. El cocodrilo tiene una vista excelente, incluso cuando bucea.

Tiene la piel llena de escamas muy gruesas y duras, como si fuera un escudo.

Con la cola se da impulso bajo el agua, pero también le sirve para abatir a sus presas.

Una vez al año la hembra pone huevos en la arena. A los tres meses los bebés cocodrilo ya están listos para salir y emiten pequeños chillidos. Cuando los oye, la hembra los saca de la arena para que puedan romper la cáscara.

El cocodrilo hembra lleva delicadamente a su bebé al río.

Una estatua de piedra

El cocodrilo es capaz de quedarse quieto durante horas.
El color de las escamas se confunde con el de la tierra y el del agua. Cuando está quieto es prácticamente invisible.
Si se acercan animales, el cocodrilo salta sobre ellos en un segundo.

Una comida de un solo bocado

Los dientes del cocodrilo están adaptados para cortar, pero no para masticar. Tiene el estómago dividido en dos partes: una sirve para moler los alimentos y la otra está llena de ácido que los convierte en una especie de papilla.
Este curioso estómago hace que el cocodrilo pueda comer prácticamente cualquier cosa.

Los bebés cocodrilo

Al nacer, las crías de cocodrilo son diminutas.
Se alimentan de insectos y batracios. Pero estos pequeños crecen 30 centímetros al año y atrapan presas cada vez más gordas, como peces e incluso algunos pájaros.

Nada de peleas

Los cocodrilos no se pelean por las presas, pues necesitan poca comida para vivir. Cuanto más envejecen, menos cazan. Normalmente capturan un mamífero de gran tamaño, como una cebra o un ñu, y lo comparten, comiendo por turnos.

En esta foto unos cocodrilos se ayudan mutuamente para capturar una cebra.

CARNÉ DE IDENTIDAD

NOMBRE: cocodrilo del Nilo
NOMBRE CIENTÍFICO: *Crocodylus niloticus*
TAMAÑO: entre 3 y 5 m
PESO: de 500 kilos a 1 tonelada
LONGEVIDAD: entre 50 y 70 años
RÉCORD: en un año el cocodrilo hace sólo unas cincuenta comidas.
Entre comida y comida, pasa el tiempo calentándose al sol o refrescándose en el agua.

El león

Con la melena que le corona la cabeza y su porte majestuoso, el león se ha ganado el título de rey de los animales. Es el más grande de los felinos y lleva en la sabana africana una tranquila vida de padre de familia, rodeado de leonas y de cachorros.

La melena asusta a los enemigos y lo protege de sus mordiscos.

Un rey vago

El león pasa cerca de 20 horas al día durmiendo. Pero su instinto le avisa a la mínima señal de peligro, y entonces está preparado para levantarse de un salto y proteger a su familia.

Los machos vigilan

Los leones marcan las fronteras de su territorio con orina. Se instalan un poco apartados del grupo para vigilar el horizonte. Si algún otro león se acerca, le atacan para impedirle que cace en su territorio.

Y los pequeños juegan

Los pequeños leones nacen en camadas de tres o cuatro. Las hembras les amamantan durante seis meses. Se llevan a los leoncitos a cazar desde que tienen un año. A los 3 años, los jóvenes machos llegan a la edad adulta y son expulsados del clan por los grandes machos.

Estos leoncitos de 6 semanas son ya unos campeones en agilidad.

La cola le sirve para mantener el equilibrio al correr o al saltar.

CARNÉ DE IDENTIDAD

NOMBRE: león

NOMBRE CIENTÍFICO: *Panthera leo*

ALTURA A LA CRUZ: entre 1 y 1,2 metros

LONGEVIDAD: 15 años

POBLACIÓN: no puede establecerse con precisión. Ha disminuido mucho y puede situarse en torno a los 50 000 individuos.

RÉCORD: puede comer hasta 40 kilos de una sentada.

PARTICULARIDADES: la leona es más rápida que el león.

Las garras son retráctiles, es decir, el león las mete hacia dentro. Miden 6 cm de largo.

Vida en grupo

Los leones son lo únicos felinos gregarios, es decir, que viven en grupo. Su familia se llama clan y agrupa a unos veinte individuos. Puede componerse, por ejemplo, de tres machos, siete hembras y una decena de cachorros. No hay un macho dominante, todos los machos son jefes. Los leones se llevan bien entre ellos. Solo se pelean por la comida, cuando toca compartir la carne. Los machos se sirven los primeros, luego les toca a las leonas y por último a los cachorros.

A los miembros del clan les gusta remolonear unos al lado de otros.

Las hembras cazadoras

Las leonas traen la comida para todo el clan. Cazan entre varias. Una espanta a la presa y la conduce hacia las otras leonas, que esperan ocultas en la hierba. Cuando la presa está cerca, las leonas saltan y la matan mordiéndola en el cuello.

Las leonas atacan a herbívoros como los ñúes.

Un león al ataque

El pelaje pardo se confunde con el color de la hierba de la sabana.

Sus ojos detectan a las presas a varios kilómetros y ven muy bien de noche.

La nariz es rosa y negra en los adultos, negra en los más viejos y rosa en los jóvenes.

Los colmillos miden 5 cm de largo y tienen raíces de 4 cm que los convierten en muy resistentes.

Las patas están provistas de almohadillas para que puedan andar sin hacer ruido.

Las patas delanteras pueden separarse mucho, lo que permite a la leona atrapar presas de gran tamaño.

El guepardo

El guepardo se distingue por su piel y por su cabeza, que es muy pequeña en relación con su estilizado cuerpo. Este animal solitario es más pequeño que otros felinos. Para sobrevivir ha aprendido a correr y a cazar a gran velocidad.

Los guepardos vigilan todo el tiempo el horizonte para escapar a tiempo en caso de peligro.

Un animal huraño

El guepardo es un animal tímido. Tiene miedo al hombre y evita el contacto con otros felinos. Vive solo la mayor parte del tiempo. Los machos y las hembras se encuentran en el periodo de celo y después se separan. A veces, dos o tres hermanos se quedan juntos para cazar.

Madre nerviosa

En cada camada nacen tres o cuatro cachorros. La madre los cría ella sola. Cuando sale a cazar los esconde, y los pequeños se quedan indefensos frente a las hienas o las águilas. La madre les enseña a cazar cuando cumplen tres meses de edad, y al año y medio ya deja que se las apañen ellos solos.

CARNÉ DE IDENTIDAD

NOMBRE: guepardo
NOMBRE CIENTÍFICO: *Acinonyx jubatus*
ALTURA A LA CRUZ: unos 80 cm
LARGO DEL CUERPO: hasta 1,40 m
PESO: de 40 a 60 kilos **LONGEVIDAD:** 15 años
POBLACIÓN: menos de 10 000. Viven en África, salvo un grupo de cincuenta aproximadamente, que vive en Irán.
RÉCORD: a toda carrera, el guepardo alcanza los 210 km/h.

Hasta los 3 meses, los cachorros de guepardo tienen una melena plateada.

Técnica de caza

El guepardo se aproxima a la presa deslizándose entre la hierba. Cando está a menos de 50 metros, salta al ataque. Primero abate a la presa de un zarpazo y luego la coge por el cuello y la ahoga.

Presas pequeñas

El guepardo necesita comer carne fresca a diario, de lo contrario no tiene energía suficiente para correr. Para conseguir los dos kilos de carne que precisa, caza animales pequeños: chacales, puercoespines y pájaros. Su presa más grande es la gacela.

Dos rayas negras recorren a lo largo el hocico del guepardo. Esta particularidad permite que los diferenciemos rápidamente del leopardo.

El animal más rápido del mundo

El guepardo corre tan rápido que la gacela de Thomson no podrá escapar.

La columna vertebral es muy flexible. Durante la carrera hace ondas de arriba abajo.

El cuello es grueso y muy musculoso, lo que le permite mantener la cabeza erguida mientras corre.

Los ojos se mantienen fijos en la presa y no la pierden nunca de vista.

La cola se mantiene en horizontal durante la carrera y así le sirve de palanca.

No esconde las garras, para poder apoyarse mejor.

Las patas son más largas que las de los otros felinos. Así puede dar grandes zancadas.

El guepardo cazando una gacela

❶ El guepardo se acerca corriendo a la gacela y ésta huye.
❷ La gacela da un salto a la derecha y el guepardo gira como ella.

❸ La gacela da un salto a la izquierda y el guepardo la sigue. Utiliza la cola para mantener el equilibrio durante este viraje repentino.

❹ La gacela zigzaguea otra vez. Pero el guepardo deja de girar, sigue todo recto y la caza en el siguiente giro.

El leopardo

El leopardo es un poderoso felino. Habita en la sabana africana y en la asiática. Es desconfiado por naturaleza y vive escondido entre las hierbas altas y en los árboles. Normalmente caza de noche, y esto lo hace invisible y muy difícil de estudiar.

El leopardo pasa las dos terceras partes de su tiempo descansando.

Una casa en los árboles

El leopardo trepa ágilmente a los árboles, donde duerme todo el día. A 5 metros del suelo tiene una vista panorámica que le permite localizar a sus presas o a sus enemigos los leones. Cuando vuelve de cazar, el leopardo arrastra a la presa y la sube a una rama. Es capaz de transportar un cuerpo dos veces más pesado que él.

Bebés en peligro

Una hembra tiene camadas de uno a seis bebés. Los más pequeños pesan menos de medio kilo y mueren. En general solo sobreviven uno o dos cachorros. La hembra cuida con mucho celo de ellos, pero en caso de ataque de hienas o leones solo podrá salvar a uno llevándolo en la boca.

CARNÉ DE IDENTIDAD

NOMBRE: leopardo (en África), pantera (en Asia)
NOMBRE CIENTÍFICO: *Panthera pardus*
ALTURA A LA CRUZ: hasta 70 cm
LARGO DEL CUERPO (MACHO): hasta 1,90 m
LARGO DEL CUERPO (HEMBRA): hasta 1,40 m
PESO (MACHO): unos 60 kilos
PESO (HEMBRA): unos 40 kilos
LONGEVIDAD: 12 años
RÉCORD: puede pasar tres días sin comer ni beber.

La hembra amamanta a los cachorros hasta los 3 meses. Antes de salir a cazar, los esconde en una gruta. A partir de los 8 meses, el cachorro de leopardo puede cazar solo.

Tiene la piel a manchas, llamadas ocelos, que le proporcionan un estupendo camuflaje.

La cola es muy larga y le sirve para mantener el equilibro cuando corre.

La vista y el oído son los sentidos que más utiliza para cazar.

Las garras son muy afiladas y son retráctiles. El leopardo las saca cuando ataca.

Sus patas son bastante cortas, pero muy musculosas. Actúan como muelles.

El leopardo se desliza en silencio entre las hierbas altas y se acerca a un grupo de gacelas.

El color negro de esta piel es anómalo: quiere decir que la piel ha fabricado demasiados pigmentos. Este fenómeno suele ocurrir en las selvas sombrías de Asia. Hablamos entonces de la «pantera negra».

¿Leopardo o pantera?

Estos dos nombres designan al mismo animal. En África recibe el nombre de leopardo y en Asia, pantera. Este felino está mucho más extendido en la sabana africana. En Asia la especie está en peligro de extinción por culpa de la deforestación.

Un felino poco sociable

El leopardo vive solo, excepto en el periodo de reproducción. En esta época los machos y las hembras se aparean y después se separan. La hembra cría ella sola a los cachorros durante un año y medio. Después los abandona para ir a aparearse otra vez. El macho vive por su lado y no busca la compañía de otros leopardos.

Alimentación a la carta

El leopardo prefiere cazar antílopes pero, si no los encuentra persigue monos, pájaros, serpientes e incluso peces. Comiendo todo tipo de presas, el leopardo consigue sobrevivir en situaciones variadas. Por esta razón está menos amenazado de extinción que otros grandes felinos.

La fiera al ataque

❶ El leopardo lanza las patas delanteras sobre la grupa del antílope. Deja caer sobre él todo su peso.

❷ Clava los colmillos en el cuello del antílope y lo mata en pocos segundos. Después le abre el vientre para sacar los órganos que no le gustan.

❸ Sube la presa a un árbol, fuera del alcance de hienas o leones.

El licaón

El licaón sólo vive en África. Está adaptado al fuerte calor de la sabana. Este carnívoro caza a diario, pues sólo come los animales que acaba de matar. A veces los leones, los chacales y las hienas le roban sus presas.

A pesar de sus grandes orejas y su hocico corto, el licaón es primo del perro y del lobo.

Una jauría nómada

Como el lobo, el licaón vive en jauría. El grupo, dirigido por una pareja dominante, recorre hasta 50 km al día. Pero cuando una hembra dominante tiene cachorros, la manada se queda cerca de la cueva.

Cazadores bien organizados

Una jauría de entre diez y veinte licaones puede abatir una presa grande, como una cebra o un antílope. Ataca a los animales más débiles de las manadas de herbívoros. En función de cómo esté la situación, decidirá hacer una persecución a la carrera, un ataque relámpago, un cerco o un acoso. En general, así consiguen cazar siete de cada diez presas. La cacería requiere tanto gasto de energía a los licaones, que tienen que comer dos veces al día.

Comidas compartidas

Cuando han capturado a una presa, los licaones más jóvenes y los más débiles de la manada comen los primeros. Mientras tanto, los adultos ahuyentan a los leones, las hienas, los chacales y los buitres que merodean dispuestos a robar la presa. Si esto ocurre, los licaones que no han comido se servirán los primeros en la siguiente cacería. A veces una jauría hambrienta ataca a una oveja, una vaca o un asno. Los ganaderos, furiosos, terminan disparando a los licaones.

Su rabo peludo indica el estado de ánimo del licaón según si está estirado o metido entre las patas.

Las patas son robustas y largas, y le permiten dar pasos grandes.

Sólo la hembra dominante de la jauría tiene cachorros, y todos los adultos, tanto hembras como machos, los cuidan.

En grupo, los licaones pueden abatir presas diez veces más pesadas que ellos.

El zorro orejudo es un cánido como el licaón, pero no pesa más de 4 kilos. Sigue a las manadas de herbívoros, pero no los ataca. Se alimenta de escarabajos y sus larvas.

El chacal de lomo negro vigila a los depredadores de la sabana, pues para este cánido es más fácil ir a robar un trozo de presa que cazar.
Sin embargo, come de todo: roedores, pájaros, huevos, frutos, carroña y ganado.

Un cazador de la sabana

Las grandes orejas tienen muchos vasos sanguíneos. La sangre se enfría cuando circula por ellos.

Tiene ojos penetrantes que le permiten cazar de noche, cuando hay poca luz.

El hocico es ancho y corto y casi siempre negro.

La piel manchada ayuda al licaón a camuflarse en la sabana.

Las garras cortas se desgastan por el roce con el suelo. El licaón no puede arañar.

La hiena manchada no es ni un cánido ni un felino. Pero es carnívora. Vive en grupo y puede atacar presas grandes, como un búfalo o una cebra. También puede robar la presa de otro depredador.

CARNÉ DE IDENTIDAD

NOMBRE: licaón
NOMBRE CIENTÍFICO: *Lycaon pictus*
ALTURA A LA CRUZ: de 60 a 80 cm
LARGO DE CUERPO: de 80 a 100 cm
LARGO DEL RABO: de 30 a 40 cm
PESO: 25 kilos
POBLACIÓN: menos de 3 000
RÉCORD: puede correr 5 km seguidos a 50 km/h.
PARTICULARIDADES: las manchas de la piel varían de un individuo a otro.

Las aves de la sabana

En la sabana africana hay aves de todos los tamaños. Las más pequeñas aprovechan las extensiones de hierba para esconderse y para buscar semillas e insectos. Las más grandes utilizan estos terrenos despejados para cazar.

Los basureros de la sabana

Los buitres, como todos los carroñeros, juegan un papel muy importante en la sabana.
Arrancan hasta el último trozo de carne de los cadáveres de los animales y así evitan la propagación de enfermedades.

Nidos en la hierba

Los tejedores invaden los pocos árboles de la sabana y cuelgan en ellos sus nidos. Los tejen con ramitas de hierba. Otras muchas aves ponen sus huevos en el suelo sin construir nido.

Para protegerse de los depredadores, el tejedor macho construye su nido de hierba en los árboles.

El buitre desuella los cadáveres con su fuerte pico sin manchar su cuello desplumado.

Comidas variadas

En la sabana cada especie de ave tiene su propio menú. El tejedor usa el pico no solo para hacer nidos. También lo usa para abrir las semillas de las que se alimenta. Las rapaces en cambio atrapan a sus presas vivas o despedazan cadáveres de otros animales. En cambio, el avestruz, que es el ave más grande, come de todo.

Los buitres han localizado un cadáver de jirafa y se reparten la comida con los marabúes.

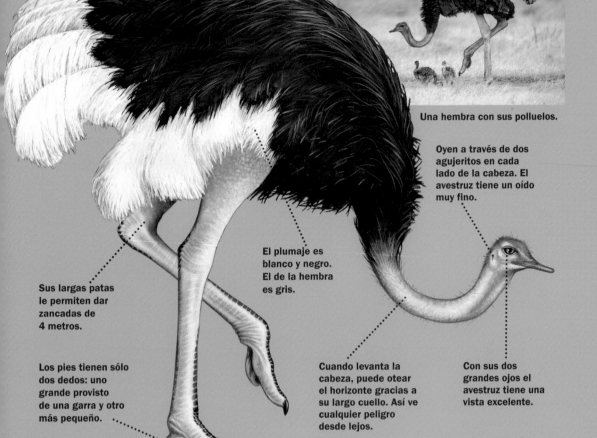

Una hembra con sus polluelos.

Oyen a través de dos agujeritos en cada lado de la cabeza. El avestruz tiene un oído muy fino.

El plumaje es blanco y negro. El de la hembra es gris.

Sus largas patas le permiten dar zancadas de 4 metros.

Los pies tienen sólo dos dedos: uno grande provisto de una garra y otro más pequeño.

Cuando levanta la cabeza, puede otear el horizonte gracias a su largo cuello. Así ve cualquier peligro desde lejos.

Con sus dos grandes ojos el avestruz tiene una vista excelente.

El campeón de la sabana

El avestruz es el pájaro más grande del mundo. Mide hasta 2,70 m de altura y puede pesar 150 kilos. Es demasiado pesado para volar. Por ello se desplaza a pie en la sabana africana. El avestruz huye de sus enemigos corriendo a más de 60 km/h. Se alimenta de todo lo que queda al alcance de su pico: hierba, raíces, hojas, frutos, insectos, lagartos, pajarillos y roedores. Puede tragar presas incluso más grandes que su cuello.

El alimoche se alimenta de huevos. Rompe los de avestruz golpeándolos con piedras.

Una grulla prehistórica

La grulla real tiene un plumaje poco denso, como los pájaros de hace 55 millones de años, lo que no le impide volar perfectamente. Puede incluso posarse en un árbol, a diferencia de las grullas europeas. Sin embargo, anida en el suelo, entre las hierbas altas de la sabana africana.

La grulla real debe su nombre al penacho de plumas que tiene en la cabeza.

Los canguros

Los canguros habitan en las inmensas praderas de Australia. En las llanuras secas, buscan raíces, hierbas y hojas verdes. Las exploran dando grandes saltos con sus potentes patas traseras en busca de agua para beber.

La cola del canguro le sirve para impulsarse al correr y le ayuda a coger velocidad.

Las patas traseras son tan largas como el cuerpo sin el rabo. Para saltar las estira de golpe.

Sus patas delanteras son dos veces más cortas que las traseras y no llegan al suelo.

El canguro salta sin cansarse. Se pone de puntillas, inclina el cuerpo hacia delante y se da impulso.

Un bebé bien resguardado

El canguro es un mamífero marsupial. A diferencia de los mamíferos plancentarios, que tienen crías preparadas para vivir en el exterior, el canguro da a luz a una cría prematura. Durante los primeros meses de vida sigue desarrollándose en una bolsa especial situada en el vientre de la madre y en ella mama continuamente. Nueve meses después de su primera salida, vuelve a la bolsa para mamar o para descansar.

El nacimiento de un canguro

La hembra canguro da a luz a un bebé cuyo desarrollo no se ha completado. Sigue creciendo y termina de desarrollarse en el exterior del vientre materno, resguardado en una bolsa especial.

Efectivos variables

Durante los años de sequía los canguros comen poco y las hembras no tienen crías. En esta época hay unos  *7 millones de canguros en Australia. Los años más húmedos los canguros se reproducen y pueden contarse entonces hasta 20 millones. Es un número excesivo y son cazados por los granjeros.*

❶ Cuando el canguro vuelve a la bolsa de la madre, ella se inclina hacia delante para ayudarle a trepar.

❷ Una vez que llega al fondo de la bolsa, da una voltereta para sacar la cabeza y se coloca como puede.

❸ El joven canguro se queda con la cabeza y las patas de atrás fuera, para poder observar y respirar.

Vida bajo el sol

Muchos canguros están despiertos por la tarde y de noche. Durante el día se protegen del calor a la sombra de las acacias. Para refrescarse, jadean como los perros y se lamen los antebrazos.

Una gran familia

Existen cincuenta y dos especies de canguros que viven en Australia y en Nueva Guinea. Casi siempre frecuentan las sabanas, pero a veces llegan hasta el límite de los desiertos. Los hay pequeños como ardillas, y del tamaño del hombre, como el canguro rojo.

El canguro gris vive en grupos pequeños dirigidos por un macho.

Patadas

El canguro gris es el más extendido. A la carrera da saltos de 10 metros, pero cuando come hierba o flores, anda a cuatro patas dando saltitos como un conejo. Igual que en el caso de los otros grandes canguros, los machos libran verdaderos combates de boxeo. Se pelean por la comida y por las hembras. El vencedor suele ser el único con derecho a aparearse.

❶ El recién nacido mide 2 cm y pesa 1 g. La madre se lame la piel para guiarlo hasta la bolsa ventral, el marsupio.

❷ En cinco minutos el recién nacido encuentra el camino en la piel de la madre para subir hasta el marsupio y entrar en él. Mientras tanto, la madre se queda inmóvil para que no se caiga.

❸ Una vez instalado en el marsupio, el recién nacido se engancha a una de las dos glándulas mamarias de la madre, y allí se queda durante 70 días. Después se suelta, pero no asoma el hocico hasta los 6 meses.

Y además...

CARA DE CERDO

El oricteropo, con su largo morro, recibe también el nombre de cerdo hormiguero. Vive en la sabana africana.
Escarba el suelo con las garras en busca de hormigas o termitas.

¡MENUDA NARIZ!

El oso hormiguero gigante o yurumí vive en América del Sur.
Su olfato es cuarenta veces más potente que el del hombre.
Con él localiza los hormigueros para comerse las hormigas a lengüetazos.

SORPRENDENTE MAMÍFERO

El equidna vive en las sabanas de Australia. Tiene púas, igual que el erizo, y el hocico alargado, como el oso hormiguero. Pero pone huevos como un pájaro.
Se alimenta de termitas y de hormigas. Y cuando hace mucho calor se esconde bajo tierra, como un topo.

¡CHIQUITO PERO MATÓN!

El serval es un peque-ño felino de África. Tiene las patas y las

orejas grandes en relación con el resto del cuerpo. Es muy hábil cazando roedores y pájaros.

EL RATEL SIGUE A SU GUÍA

Al ratel o tejón mielero le encanta la miel.
En la sabana sigue al indicador, un pájaro que hace de guía: lo llama con sus gritos a donde hay un panal.
El ratel destroza el nido y el indicador puede comerse las larvas.

ARCO IRIS

El agama es uno de los muchos lagartos de la sabana africana. Las hembras son marrón caqui. Los machos cambian de color: son marrones por la noche, pero por el día adquieren un azul y un naranja realmente vistosos.

PERROS SIN AMO

Los dingos viven en estado salvaje en las sabanas de Australia. Descienden de perros domésticos abandonados. Cazan canguros, wombats y también grandes reptiles.

CORREDOR AMERICANO

El ñandú es más pequeño que el avestruz. Pero, como él, tampoco puede volar.
En las sabanas de América del Sur está al acecho de todos los posibles peligros para escapar a tiempo.

UNA PAREJA INSEPARABLE

Estos pequeños loritos reciben el nombre de inseparables porque el macho y la hembra se quedan casi siempre juntos. Provienen de Tanzania, pero los que se venden en las tiendas de animales han nacido en una jaula.

PROHIBIDO TOCAR

Centenares de miles de elefantes han sido cazados por sus colmillos de marfil. Hoy día este tráfico persiste aunque está prohibido en la mayoría de los países africanos.

OBREROS DE CHOQUE

Este montículo de tierra es un termitero, el nido de una colonia de termitas. Estos insectos lo han fabricado mezclando tierra y su saliva. Las termitas están muy extendidas en África.

CAZADORES DE FOTOS

El safari es una caza de grandes animales de la sabana.
El fotosafari, en cambio, tiene por objetivo fotografiar a los animales.

LA PITÓN DE SEBA

Esta serpiente africana es una de las más grandes del mundo. Puede alcanzar los 6 metros de largo. Es carnívora; puede tragarse un antílope y después pasarse un año entero sin comer.

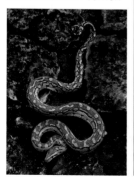

EL PUERCOESPÍN DEL CABO

Este roedor vive en la sabana, al sur de África. Cuando es atacado por un felino o por un ave cazadora, se defiende erizando las púas de la espalda. Anda muy deprisa hacia atrás, pudiendo clavar varias púas en el vientre de su agresor.

UN GRAN EXCAVADOR

El wombat vive en Australia. Es del tamaño de un perro y excava largas

madrigueras. Es un marsupial. Como la bolsa de la hembra se abre por detrás, puede circular por las galerías sin que se le llene de tierra.

UNA CORTADORA DE CÉSPED

El búfalo de África es un gran herbívoro que vive en el centro del continente africano. Es un animal poderoso y agresivo que tiene muy pocos depredadores. Se come las hierbas altas de la sabana, y así despeja las hierbas bajas que buscan otros herbívoros, como los antílopes.

EL BABUINO

El babuino es uno de los monos más extendidos en África.
Se le distingue por su hocico alargado que recuerda al de un perro. Vive en grupos de unos cuarenta individuos dirigidos por un macho jefe. Tiene un régimen omnívoro y su principal depredador es el leopardo.

ENCANTADORA GACELA

El dikdik debe su nombre al grito de alarma que emite. Es una de las gacelas más pequeñas de África. Sólo pesa 6 kilos. Come toda clase de plantas que encuentra entre las rocas.

EL ELAND

El eland es el antílope más grande de África. Habita en el sur del continente. Mide casi 2 metros y puede pesar hasta 700 kilos; sin embargo, esto no le impide ser un gran corredor y saltador.

UNA RAPAZ ANDARINA

El serpentario caza andando entre la alta hierba de la sabana africana. Captura a sus presas (serpientes, ranas o insectos) de un picotazo seco.

CONCURSO DE VELOCIDAD

Récords de velocidad de algunas especies de la sabana:
Rinoceronte: 45 km/h
Cebra: 60 km/h
León: 80 km/h
Gacela de Thomson: 80 km/h
Guepardo: 110 km/h
Es el animal más rápido del mundo.

Las selvas tropicales

Las selvas tropicales

En las selvas tropicales, llamadas también junglas o selvas vírgenes, vive el 40% de las especies animales conocidas. Son animales que se han adaptado al calor, la humedad y la penumbra.

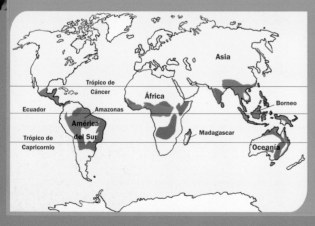

Trópico de Cáncer

Ecuador

Amazonas

América del Sur

Trópico de Capricornio

Asia

África

Borneo

Madagascar

Oceanía

Las selvas tropicales del planeta

☐ **Las selvas tropicales húmedas son muy tupidas.**
Están situadas a uno y otro lado del ecuador, y entre el trópico de Cáncer, al norte, y el trópico de Capricornio, al sur.
Se extienden por todos los puntos del planeta, en América, África, Asia y Oceanía.

☐ **Las selvas tropicales secas están más dispersas.** Lindan con las selvas húmedas y tienen dos estaciones claramente diferenciadas: la estación de lluvias y la estación seca.

¡Qué calor hace!
A la altura del ecuador sólo hay una estación. Y es muy calurosa, ya que esta parte del planeta está más cerca del Sol durante todo el año y los rayos se concentran en una pequeña parte de la superficie del suelo. La temperatura media supera los 21 °C.

¡Y cuánta lluvia!
Las regiones ecuatoriales son las zonas mejor regadas del mundo. En ellas caen al año más de dos metros cúbicos de lluvia. Estas selvas se llaman pluviales. Las lluvias destruyen el suelo cuando no está protegido por los árboles.

¡Y cuánta sombra!
Para aprovechar el sol, los árboles de las selvas tupidas crecen 40 o 50 metros. El sol difícilmente puede penetrar a través de las copas. Las plantas que viven por debajo de ellas crecen en la sombra. Por eso se dice que son ombrófilas.

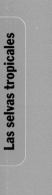

Las hormigas cortadoras de hojas

Las hormigas son las principales devoradoras de plantas en las selvas de la América tropical. La quinta parte de las hojas de los árboles son «recortadas» por estas hormigas. No se las comen, sino que las usan para cultivar el hongo del que se alimentan.

Un hormiguero gigante

Las hormigas cortadoras de hojas viven en un hormiguero en el suelo que forma una cúpula de 10 metros de diámetro y llega a 6 metros de profundidad por debajo de la tierra. En él pueden vivir hasta 2 millones de hormigas obreras y una reina, que es su madre.

El papel de la reina

La reina es la fundadora del hormiguero. Se aparea con varios machos durante el vuelo nupcial. Luego se arranca las alas y cava agujeros en el suelo para poner sus primeros huevos.

Las primeras obreras

En el hormiguero, la reina devuelve los hongos que ha almacenado en el estómago. Éstos crecen en sus excrementos. Así, las primeras obreras tienen algo de comida al nacer. Algunas se quedan al lado de la reina, las otras se van al bosque a cortar hojas.

El trabajo de las obreras

1 La hormiga exploradora se aleja 500 metros del nido en busca de hojas tiernas. De camino, se frota la punta del abdomen y deposita una especie de gotas olorosas. Puede segregar hasta 20 olores distintos. Las otras obreras podrán, gracias a sus antenas, localizar estos olores y encontrar el camino hasta las hojas.

2 La hormiga cortadora recorta las hojas con sus mandíbulas afiladas, utilizando el cuerpo como un compás. Girando sobre sus patas traseras, corta la hoja en trozos del mismo tamaño.

3 La hormiga portadora coge el trozo de hoja de 2 cm con sus mandíbulas y lo lleva al hormiguero.

4 La hormiga centinela se posa en un trozo de hoja que transporta otra hormiga, dispuesta a dar la alarma si viene un depredador.

5 Las hormigas soldado son las obreras más grandes. A la señal de alarma acuden corriendo y no dudan en morder a un depredador del tamaño de una rana dendrobates.

El jaguar

El jaguar es el felino más grande y el más poderoso depredador de las selvas tropicales de América. Vive en la espesura de las selvas del Amazonas y de América Central. Pero también se adentra en las praderas húmedas y en las zonas pantanosas.

Una presencia discreta

Durante el día el jaguar se esconde en la jungla, acostado entre la maleza o en una rama. Duerme más de once horas diarias, camuflado gracias a las manchas de su piel, ya que en la penumbra del bosque sus manchas se parecen a las de los rayos del sol.

CARNÉ DE IDENTIDAD

NOMBRE: jaguar
NOMBRE CIENTÍFICO: *Panthera onca*
PESO (MACHO): entre 55 y 100 kilos
PESO (HEMBRA): de 35 a 55 kilos
LARGO DEL CUERPO: de 1 a 2 metros sin el rabo
RÉCORD: es capaz de atacar a un tapir... ¡2 o 3 veces más grande que él!

Tiene la piel a manchas. Las que están en el cuerpo forman círculos que tienen uno o dos puntos negros en el centro.

La cola es muy larga, mide entre 45 y 75 cm.

Sus patas son fuertes, pero cortas. El jaguar no puede hacer largas carreras.

Las garras afiladas le sirven para trepar rápidamente a los árboles. Cuando está tranquilo, mete las uñas en sus fundas.

El jaguar puede nadar más de un kilómetro para cruzar un río.

Cazador nocturno

Al caer la noche, el jaguar baja del árbol, pues a esa hora se despiertan muchos animales en la selva. El jaguar avanza sigilosamente en la maleza atento a los ruidos y al olor de sus presas. Merodea cerca de los ríos y no le molesta mojarse para pescar.

Las galerías de acceso miden unos 4 cm de diámetro. Por ellas entran y salen del nido las obreras.

Las hormigas cultivan el hongo en cámaras especiales del hormiguero que tienen aspecto de esponja. El hongo se desarrolla muy deprisa y sirve de alimento a las hormigas.

En las despensas donde se guarda el hongo, las obreras mastican las hojas que van llegando al hormiguero y elaboran una especie de pasta con ellas. Los hongos crecen en esta pasta, que fertiliza gracias a los excrementos de las hormigas. Y luego unas hormigas diminutas, las jardineras, los recolectan.

5

5

Las cámaras miden entre 5 y 40 cm de diámetro. ¡Puede llegar a haber hasta 2 000 en un solo hormiguero!

Las galerías de ventilación sirven para mantener una temperatura constante en el interior del hormiguero. Las hormigas obreras se encargan de abrirlas o cerrarlas.

Los huevos de la reina son depositados en cámaras. Las larvas salen dos días después y son blancas. Se envuelven en un capullo que ellas mismas tejen. Cinco semanas después vuelven a salir, ya como hormigas adultas.

La reina no abandona nunca su cámara. Unas cuantas obreras cogen los huevos y otras se encargan de traerle hongos para comer.

Las hormigas almacenan la basura en unas cámaras que utilizan como vertedero.

El ocelote es un felino pequeño y muy ágil. El ocelote adulto mide menos de un metro de largo, pero es un excelente cazador. Caza de noche, tanto a ras del suelo como en las copas de los árboles.

El jaguarundi parece una mangosta grande. Este felino de piel unicolor caza de día, casi siempre a ras del suelo. Se alimenta de pequeños roedores, pájaros, reptiles e incluso insectos.

El puma tiene también un solo color. En la selva tropical es más pequeño que un jaguar. Se conforma con presas pequeñas, como armadillos, agutíes y monos, pues el jaguar se lleva las más grandes.

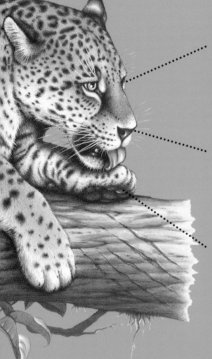

El jaguar, rey del Amazonas

Los ojos le permiten ver en la penumbra gracias a que se dilatan las pupilas. Pero sus mejores sentidos son el oído y el olfato.

La punta del hocico le permite olfatear una presa desde lejos. Y orientando las orejas el jaguar percibe también a la presa por sus ruidos.

Las almohadillas digitales le permiten avanzar sin hacer ningún ruido. En ellas se esconden las fundas donde el jaguar guarda las garras retráctiles.

El territorio de un solitario

En la jungla cada jaguar tiene su propio territorio y todos los días caza en una parte de él. A su paso, araña los árboles y marca las hojas con orina. El territorio de un macho abarca el de varias hembras.

Un encuentro fugaz

Cuando el macho detecta el olor de una hembra, se acerca a ella y forman pareja durante dos o tres semanas. Durante dos años la hembra cría ella sola a los dos cachorros y después los jóvenes jaguares se van a conquistar su propio territorio.

Presas variopintas

El jaguar se alimenta exclusivamente de las presas que él mismo caza. Para cazar un pez, una tortuga o un caimán, da un potente zarpazo. Para matar a un pecarí, un ciervo o un tapir, se lanza sobre ellos y les atraviesa el cráneo con los colmillos. Puede devorar 5 kilos de carne de una sola vez y esconde el resto entre la maleza o en un árbol para el día siguiente.

El jaguar ha sido perseguido por su hermosa piel, pero hoy está protegido.

En el corazón de la Amazonía

En América del Sur, la selva amazónica abarca un territorio casi 15 veces más grande que España. Es una de las zonas del planeta en la que vive mayor número de especies de plantas y de animales salvajes. Sin embargo, algunos animales no llegan nunca a coincidir.

En las copas de los árboles

Los árboles de la selva crecen hacia la luz hasta 40 metros de alto. Sus hojas forman una especie de techo en la selva. Aves como el tucán o el guacamayo, animales ligeros como el mono araña o el mono uacarí, exploran las hojas en busca de flores, frutos e insectos. Su depredador, el águila harpía, patrulla entre las copas.

En los troncos

A 20 metros del suelo hay poca luz y, por lo tanto, pocas hojas. El oso hormiguero, el perezoso y el mono ardilla andan por las ramas. El quetzal cava su nido en los troncos de los viejos árboles. En los revoltijos de lianas que crecen a lo largo de los troncos, reptiles, ranas, arañas y murciélagos acechan a sus presas.

Cerca del suelo

En la maleza, donde reina la penumbra, hay pocos habitantes. Los animales que viven en el suelo, como el tapir y el pecarí, son más rechonchos. Cerca de los ríos, donde llega más luz, la vegetación es más espesa. Es el territorio del caimán, las tortugas de agua y el hoazín, un ave que tiene dificultad para volar y que suele quedarse en tierra.

Los animales de la selva

1. El águila harpía
2. El tití león dorado
3. La boa esmeralda
4. El colibrí
5. La mariposa Morpho
6. El pecarí
7. El agutí
8. La tarántula
9. El mono aullador
10. El mono ardilla
11. Los murciélagos
12. El mono araña
13. El uakarí
14. El guacamayo azul
15. El guacamayo escarlata
16. El tucán toco
17. El oso hormiguero
18. El tapir
19. El escarabajo rinoceronte
20. Las hormigas
21. El caimán negro
22. Las pirañas
23. Las tortugas
24. El gusano gigante
25. La anaconda
26. Una serpiente liana
27. El ocelote
28. El hoazín
29. La ranita arborícola
30. La lora
31. El perezoso
32. El quetzal

127

Las tarántulas

Las tarántulas son unas de las arañas más grandes del mundo. Y las tarántulas más grandes viven en la selva tropical. Son carnívoras y utilizan armas terribles para capturar vivas a sus presas.

Una tarántula del Amazonas

La tarántula más grande vive en el suelo del Amazonas. Se llama theraposa leblondi y cava profundas madrigueras que cierra con una especie de tapa hecha de tierra y de hilos de seda.

Primer plano de la theraposa leblondi

El cefalotórax está formado por la cabeza y el tórax, del que nacen las ocho patas. Está unido al abdomen por una parte más delgada.

El abdomen es extensible y puede alcanzar el tamaño de una nuez. Se hincha antes de la puesta de huevos y después de una copiosa comida.

Los filamentos situados en la extremidad del abdomen sirven para hilar la seda. Cada uno de los cuatro filamentos está unido a 150 glándulas de seda.

Las patas de la tarántula tienen articulaciones. La tarántula tiene ocho patas y cada una termina en 2 o 3 garras.

La tarántula posee cuatro pares de ojos de diferentes tamaños. A pesar de ello, no tiene muy buena vista.

CARNÉ DE IDENTIDAD

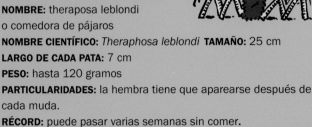

NOMBRE: theraposa leblondi o comedora de pájaros
NOMBRE CIENTÍFICO: *Theraphosa leblondi* **TAMAÑO:** 25 cm
LARGO DE CADA PATA: 7 cm
PESO: hasta 120 gramos
PARTICULARIDADES: la hembra tiene que aparearse después de cada muda.
RÉCORD: puede pasar varias semanas sin comer.

Caza a domicilio

La theraposa se instala por la tarde a la entrada de su madriguera. Levanta un poco la tapa y asoma las dos primeras partes de sus dos primeros pares de patas. Si pasa algún insecto o algún roedor, la tarántula nota las vibraciones de los hilos de seda que tapan la madriguera.

Banquete bajo tierra

Cuando la theraphosa percibe una presa a su alcance, da un salto, la atrapa entre sus pedipalpos, le clava los colmillos y le inyecta veneno. Después la lleva al fondo de la madriguera y allí la embadurna de saliva y la amasa para reblandecerla. El interior de la presa se vuelve líquido, la tarántula la absorbe y no deja más que una bola de piel seca.

Esta tarántula se agarra a las hojas gracias a unas bolas de pelo adherente.

.... Los pedipalpos son como dedos articulados. Sirven para manipular la presa y el capullo.

.... Tiene dos ganchos escondidos cerca de la boca, entre matas de pelo. Cada uno de ellos contiene un canal por el que pasa el veneno.

El pelo de la tarántula le permite detectar los movimientos de sus presas o de sus depredadores.

Las cazadoras cazadas

A veces las tarántulas son cazadas por un pájaro, un reptil, un escorpión o incluso otra tarántula. También pueden ser víctimas de las avispas, que pueden poner un huevo en su cuerpo. La larva de las avispas devora a la tarántula desde el interior.

Una fábrica de seda

Las tarántulas fabrican hilos de seda muy resistentes que son ¡diez veces más finos que un cabello! Fabrican el hilo fijando la extremidad a una hoja y retirándose para estirarlo. La seda que sale por los filamentos de sus patas es líquida y se solidifica al contacto con el aire.

Seda para todo

Las tarántulas usan la seda para reforzar su refugio. También se fabrican mantas para esconderse. Las hembras tejen hamacas de seda para poner sus huevos.

Una gran familia

Hay tarántulas en los cinco continentes, a menudo en las regiones tropicales. Algunas frecuentan los desiertos, y una de ellas vive en Europa. Sólo una especie tiene una picada que puede ser mortal para las personas. Vive en el sur de Australia.

Tres medios de defensa

Esta tarántula vive en África. Para defenderse se refugia en su madriguera, cierra la entrada y se prepara para atacar.

Esta tarántula vive en Méjico. Tiene pelos urticantes que lanza a su enemigo para ahuyentarlo.

Para escapar del enemigo, esta tarántula australiana es capaz de perder un trozo de pata, ya que enseguida vuelve a crecerle.

Las ranas tropicales

Las ranas tropicales se mueven entre los troncos y las lianas, a más de treinta metros del suelo, y no tienen miedo de caerse o de que las ataquen. Parecen inofensivos caramelos de colores; aunque algunas segregan a través de la piel un veneno paralizante.

Esta ranita de ojos rojos es arborícola. Pasa la vida en los árboles, pegada a las hojas gracias a las ventosas que tiene en los dedos.

Bellas y venenosas

Muchas ranas tropicales tienen colores muy vivos pero algunas son venenosas, como las dendrobates.

Por la piel segregan un veneno mortal tan fuerte que un gramo es suficiente para matar ¡veinte mil ratones!

Sus depredadores, los pájaros y las serpientes, han aprendido la lección. Cuando ven a lo lejos una rana de colores, prefieren no probar...

El reino de las ranas

Existen en la Tierra ¡más de tres mil quinientas especies de ranas y sapos conocidos! Más de tres mil viven en los trópicos, pues el clima es perfecto para ellas.

Las frecuentes lluvias mantienen su piel siempre húmeda y el calor mantiene su cuerpo a una alta temperatura para que puedan moverse.

Gracias a su color azul, las ranas de esta especie se ven fácilmente en la penumbra de la selva.

Esta rana es muy ágil. Su espalda de color verde le permite camuflarse entre las hojas.

¡Diminutas!

Muchas ranas tropicales son minúsculas.

Por ejemplo, la ranita de ojos rojos mide 4,5 cm con las patas encogidas. La rana tropical más pequeña vive en la selva amazónica.

¡Mide tan sólo un centímetro! Es el animal de cuatro patas más pequeño conocido en el mundo.

Estas ranas se bañan en los charquitos de agua de lluvia que se forman en los huecos de las hojas de las plantas que crecen en los árboles.

El color de la dendrobates advierte a sus depredadores de que es tóxica.

El canto de las dendrobates

La dendrobates macho atrae a la hembra con su canto. La hembra pone los huevos durante el apareamiento en una hoja a 15 metros del suelo. Después moja los huevos con agua para que no se sequen.

Renacuajos en los árboles

Cuando un renacuajo sale del huevo, la hembra lo lleva en su espalda hasta un charco de agua y lo alimenta con el resto de huevos no fecundados. Tres semanas después el renacuajo se convierte en rana.

Primer plano de una dendrobates

Su piel es muy lisa y está siempre húmeda. La rana respira y absorbe el agua por la piel.

Gracias a los orificios nasales encuentra por el olor el charco donde ha colocado a los renacuajos.

Su tímpano es una membrana redonda que tiene detrás de los ojos y que permite a la rana oír.

El extremo de los dedos termina en una especie de almohadillas anchas pegajosas, adhesivas como una ventosa.

En este dibujo, tamaño natural de la dendrobates pumilio. Sin las patas mide ¡2,2 cm!

Las patas traseras son largas. Se estiran en el salto para impulsar a la rana.

Cazadoras de insectos

Las ranas tropicales se alimentan de insectos. Cazan a las presas que tienen a la vista y las capturan con su pegajosa lengua. Para fabricar veneno, la dendrobates usa el ácido fórmico que contienen las hormigas que come.

Un veneno natural

Los indios del Amazonas embadurnan sus flechas con veneno frotándolas contra la piel de las dendrobates sin herirlos. Antes de comer la carne de los animales que han cazado, la cuelgan sobre el fuego para destruir el veneno. A veces también aplican veneno en sus heridas para mitigar el dolor.

El chimpancé

El chimpancé vive en África occidental, tanto en selvas frondosas como en selvas menos tupidas. Por el día se desplaza andando por el suelo o trepando por las ramas. Para dormir por la noche se refugia en los árboles. Nunca pierde el contacto con los chimpancés de su grupo.

Un animal sociable

Los chimpancés viven en grupos de unos 35 individuos. Los machos permanecen toda la vida en la tribu en la que nacen. Las hembras, en cambio, se separan de ella a los 13 años y van a dar a luz a sus crías a otro grupo.

Nuestro pariente más cercano

El chimpancé se cuelga de las ramas tanto con las manos como con los pies.

El trasero está cubierto de placas de piel gruesa y córnea. El chimpancé no tiene rabo.

Su piel es poco espesa y no tiene pelo en el trasero, las axilas, la planta de los pies ni las palmas de las manos. Con la edad la piel de estas zonas se vuelve más oscura.

El pie tiene un dedo opuesto al resto, lo que le permite coger objetos.

El chimpancé tiene los brazos más largos que las piernas. Para andar a cuatro patas dobla los dedos de las manos.

CARNÉ DE IDENTIDAD

NOMBRE: chimpancé
NOMBRE CIENTÍFICO: *Pan troglodytes*
LARGO DEL CUERPO (MACHO): 80 cm a 1 m
LARGO DEL CUERPO (HEMBRA): 70 a 85 cm
PESO (MACHO): de 40 a 60 kilos

PESO (HEMBRA): de 30 a 45 kilos
LONGEVIDAD: entre 40 y 50 años
POBLACIÓN: menos de 200 000; está amenazado por la caza.
PARTICULARIDADES: emite más de 30 sonidos diferentes.

El dril tiene colores oscuros que lo hacen pasar inadvertido en la maleza. Vive en grupo, casi siempre en tierra.
No habita las mismas selvas que su primo el mandril.

El mandril es el mamífero más colorido de la tierra. El macho adulto tiene la cara, el trasero y los genitales de color blanco y rojo. Las hembras y los más jóvenes, en cambio, tienen la cara oscura.

Herramientas especializadas

El chimpancé utiliza diversas herramientas. Se sirve de una ramita de hierba o un tallo flexible para cazar hormigas y termitas. Rompe nueces ayudándose con dos piedras o dos trozos de madera. Para beber, coge agua de los charcos con una hoja. Con ramas o piedras ahuyenta a sus enemigos.

Menús muy variados

El chimpancé se alimenta sobre todo de frutas, semillas y hojas, pero también come insectos, huevos y miel. Es además un gran cazador.
Ataca en grupo a otros monos, como los colobos, y también antílopes e incluso pájaros. La carne se reparte entre los miembros del grupo.

Una sola cría

Un chimpancé hembra no suele tener más de cinco crías en toda su vida, y casi siempre da a luz a una sola cría, cada tres o cuatro años. Protege al bebé durante diez u once años en compañía de sus hermanos mayores. Pero muchas crías mueren de bebés y solo dos o tres de ellas llegan a adultas.

Todas las tardes, el chimpancé hembra se acuesta con su bebé en un nido nuevo. Duermen 12 horas.

Los lémures

Los lémures viven en la gran isla de Madagascar y hay unas treinta especies. Se han adaptado a la vida en los árboles. La mayoría se alimenta de hojas, frutos y cortezas, pero algunos cazan insectos y larvas.

Cuatro lémures nocturnos

① El ayeaye se agarra a los árboles y extrae las larvas de insectos con sus ganchudos dedos.

② El ratón lémur tiene el tamaño de un ratón. Duerme durante todo el día en su nido.

③ El maki puede ayunar durante varios meses gracias a las reservas de grasa que almacena en la cola.

④ El avahí da fuertes gritos para echar a los intrusos de su territorio.

¿Qué es un lémur?

Los lémures son primates, igual que los monos. Sus ancestros, originarios de África, llegaron a Madagascar hace 35 millones de años. Desde entonces, han evolucionado sin depredadores ni otras especies competidoras, ya que no hay fieras ni monos en la isla.

El indri mide 70 cm de alto. Nunca baja a tierra. Salta de tronco en tronco como un acróbata, con su cría agarrada a la piel.
Recoge las hojas de los árboles para comérselas.

Equipados como acróbatas

El cuerpo de los lémures está adaptado a la vida arborícola. Los ojos son frontales y le permiten calcular la distancia que hay entre los troncos antes de saltar.
Las uñas cortas y los pulgares opuestos le permiten sujetarse bien a las ramas.

Los dueños de la selva

Los lémures necesitan árboles para refugiarse y para comer. Algunos viven en las selvas tropicales secas y otros, en las sabanas arboladas, pero la mayoría se instala en la selva tropical húmeda. En otro tiempo esta selva cubría toda la costa de Madagascar.

Un refugio en peligro

Hoy día queda sólo la décima parte de esta selva, pues los campesinos son muy pobres y la han deforestado para cultivar la tierra. Muchos lémures, privados de casa y de comida, desaparecerán si no encuentran refugio en reservas protegidas.

Tres lémures diurnos

El lémur de collar se alimenta sobre todo de frutos de tres especies de árboles. En la estación de lluvia, saca también el néctar con su largo hocico y con la lengua sin dañar las flores. Se distingue por sus gritos agudos y roncos.

El sifaka de Coquerel se alimenta de más de cien plantas diferentes. En la estación seca come sobre todo hojas, brotes o cortezas. En la estación de lluvias se da un banquete de frutos, flores y plantas tiernas.

El sifaka de diadema se pasa la vida en los árboles de la selva tropical. Según la estación, recolecta a diario más o menos hojas tiernas, frutos y flores de veinticinco especies de plantas diferentes.

El tigre de Bengala

El tigre de Bengala vive en las junglas tropicales de Asia, siempre cerca del agua. Es el felino más poderoso de todos. Caza en tierra al caer la noche, deslizándose sigilosamente entre la maleza para sorprender mejor a sus presas.

Un cazador solitario

El tigre caza al acecho. Se pega al suelo y se acerca a 10 o 20 metros de su presa. Entonces salta sobre ella en dos botes, la abate y la ahoga con un mordisco en la garganta. La presa tarda menos de dos minutos en morir.

El nacimiento de un cazador

Los jóvenes tigres son criados por su madre, que los amamanta durante seis meses, aunque desde los 2 o 3 meses los lleva a comer carne de los esqueletos de sus presas. Después les enseña a cazar. Hasta los 18 meses no aprenden a matar solos a las presas. Entonces se separan de la madre para conquistar su propio territorio.

La tigresa suele tener camadas de dos cachorros.

Su lomo es muy flexible y está provisto de músculos muy fuertes. Se tensa y se destensa como si fuera un arco.

El rabo le sirve de péndulo para mantener el equilibrio en la carrera. Está compuesto por 20 vértebras y mide entre 60 y 95 cm.

Las patas traseras son más largas que las delanteras. De ahí viene el fabuloso resorte del tigre, que le permite realizar con éxito todos sus ataques.

CARNÉ DE IDENTIDAD

NOMBRE: tigre de Bengala

NOMBRE CIENTÍFICO: *Panthera tigris tigris*

PESO (MACHO): entre 180 y 250 kilos

PESO (HEMBRA): entre 125 y 160 kilos

TAMAÑO SIN EL RABO (MACHO/HEMBRA): 2,90 m/2 m

LONGEVIDAD: de 15 a 20 años

POBLACIÓN: menos de 5 000. Está protegido.

RÉCORD: ¡puede correr a más de 60 km/h!

PARTICULARIDADES: a veces ataca a los humanos.

El tigre frecuenta la vegetación espesa de la selva, cerca de los ríos.

Grandes manjares

El tigre captura toda clase de animales, aves, peces y mamíferos. Cuando atrapa una presa de gran tamaño, como un chital o un gaur, la arrastra para esconderla de los carroñeros.
Come hasta 30 kilos de carne de una sentada. Para esconder los restos los cubre con hojas y los conserva 2 o 3 días.

El tigre, el felino más grande

Los anchos omóplatos sujetan músculos que permiten a las patas delanteras separarse mucho.
Esta particularidad da mucha fuerza al ataque del tigre.

Gracias a su musculoso cuello, el tigre puede mantener la cabeza erguida mientras corre y así no perder de vista a la presa.

El cráneo es ancho y voluminoso, y sujeta músculos muy potentes. El tigre puede romper las patas de su presa de un mordisco gracias a su fuerte mandíbula.

Los colmillos afilados miden hasta 8 cm. Sus raíces son muy profundas.

Los pulmones del tigre están protegidos en una resistente caja torácica. Son grandes y permiten una buena oxigenación de los músculos durante la carrera.

Garras retráctiles

Todos los felinos tienen garras retráctiles, excepto el guepardo.

❶ Al andar, el tigre mete las uñas entre las almohadillas de sus patas.

❷ Las saca para el ataque. Así están siempre bien afiladas. Miden hasta 6 cm de largo.

Gracias a su fuerte mandíbula, este tigre rompe el cuello de un chital.

El orangután de Borneo

El orangután es un mono de gran tamaño. Igual que el gorila y que el chimpancé africano, tiene un cerebro bien desarrollado. Los orangutanes viven en las selvas tropicales de Asia. Existen dos especies de orangutanes: una en la isla de Borneo y la otra en la de Sumatra.

El nómada solitario

Durante todo el día, el orangután se desplaza lentamente por los árboles a 15 o 20 metros del suelo. De rama en rama recorre más de 600 metros. Conoce tan bien la selva, que va a determinados árboles cuando sus frutos están maduros.

Un gran comilón de frutos

El orangután come varios kilos de fruta al día. También le gustan las cortezas, los hongos y las hojas tiernas. Conoce más de 400 plantas comestibles y ya de paso se come los insectos.

Un gran dormilón

Todas las tardes el orangután se construye un nido nuevo en un árbol a más de 10 metros de altura. En pocos minutos se prepara un colchón de hojas. Se queda dormido sobre las siete de la tarde durante diez horas, y durante el día se echa una siesta de ¡dos o tres horas!

El encuentro de dos solitarios

El orangután vive solo. Pero cuando un macho huele a una hembra en celo, la llama con sus chillidos y la hembra va a su encuentro.

CARNÉ DE IDENTIDAD

NOMBRE: orangután de Borneo
NOMBRE CIENTÍFICO: *Pongo pygmaeus*
TAMAÑO (MACHO): 1,40 m
TAMAÑO (HEMBRA): 1,10 m
PESO (MACHO): 80 a 90 kilos
PESO (HEMBRA): 30 a 45 kilos
POBLACIÓN: menos de 20 000, está amenazado por los cazadores furtivos y por la deforestación.
PARTICULARIDADES: no tiene rabo.

El orangután utiliza los pies como manos. Puede doblar todos los dedos para agarrarse a las ramas.

La cara del orangután hembra es redonda, y tiene los ojos muy juntos.

Las orejas son pequeñas y están ocultas bajo el pelo.

Los hombros son muy musculosos.

El bebé está siempre colgado a la madre.

1

2

3

El esqueleto del orangután

Los brazos son 1,5 veces más largos que las piernas. Cuando el orangután separa los brazos, la distancia entre ellos puede alcanzar los 2,40 m.

Las piernas son cortas y están dobladas. Al orangután le cuesta andar erguido.

Tiene grandes manos y pies.

El orangután macho

❶ Su cara se caracteriza por los bultos de grasa que tiene en las mejillas, que le sirven para amplificar sus gritos.

❷ Los hombros son muy musculosos y están cubiertos de una capa de pelo de casi medio metro de largo.

❸ En la papada, bajo la barbilla, caben varios litros de aire, y se hincha cuando grita.

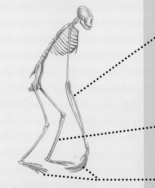

El orangután bebe poca agua. Se conforma con el jugo de las frutas.

En la escuela de la selva

La hembra del orangután tiene una cría cada tres o cuatro años.
La cuida durante siete años. Los ocho primeros meses el pequeño acompaña a su madre a todas partes, al principio colgado de sus largos pelos, después colgándose él solo en las ramas. Con ella aprende a no perderse en la jungla y a reconocer las plantas comestibles.

El koala

El koala sólo vive en Australia, en los bosques de eucaliptos. Parece un oso, pero es un mamífero marsupial. Igual que el canguro, la hembra del koala tiene una bolsa en el vientre en la que se desarrolla la cría.

Una madre koala y su cría

Las orejas del koala son redondas y están bordeadas de un flequillo de largo pelo fino. Tiene muy buen oído.

Los dedos del koala son anchos y tiene fuertes garras. El pulgar y el índice de las patas delanteras están muy juntos. Todo ello le permite agarrarse muy bien a las ramas.

La nariz es negra y chata y tiene dos grandes orificios nasales. El koala tiene muy buen olfato.

La piel del koala es espesa y suave. Así se protege del calor y de la lluvia. El rabo mide tan sólo unos centímetros.

El marsupio o bolsa ventral protege las glándulas mamaria y se abre hacia abaj

Primero en el bolsillo

Al nacer, el bebé koala no pesa más de 5 gramos. Trepa hasta la bolsa de la madre, que está abierta por debajo. Se agarra al pelo y se engancha a una glándula mamaria para no caerse.

Y luego a la espalda

A los 5 meses, el pequeño koala pesa 500 gramos. Sale de la bolsa de la madre y trepa a su espalda. Bien sujeto, la acompaña a todos lados. Pero sigue volviendo a la bolsa para mamar.

CARNÉ DE IDENTIDAD

NOMBRE: koala
NOMBRE CIENTÍFICO: *Phascolarctos cinereus*
TAMAÑO: 60 a 80 cm
PESO: 7 a 12 kilos
LONGEVIDAD: entre 15 y 20 años
POBLACIÓN: menos de 100 000; en otro tiempo fue perseguido por su piel, hoy se ve amenazado por la deforestación.
PARTICULARIDADES: casi nunca bebe agua.
RÉCORD: ¡su cerebro sólo pesa 17 gramos!

El koala está activo por la noche. Duerme 18 horas al día aferrado a un árbol.

El canguro arborícola tiene las patas delanteras y traseras casi del mismo tamaño. Gracias a las almohadillas de las patas no se escurre en los árboles.

Un menú de hojas

Cada koala explota un vasto territorio en los bosques de eucaliptos. Todas las noches recolecta los 500 gramos de hojas que necesita para alimentarse. Las escoge una a una entre 35 de las 600 especies de eucaliptos australianos que existen.

Una comida indigesta

El koala tiene que comer muchas hojas de eucalipto, pues estas hojas no tienen mucha energía. Pero si el koala las escoge con tanto cuidado no es por capricho: ¡algunas pueden envenenarle! Pues según las estaciones, contienen más o menos sustancias tóxicas, como el ácido cianhídrico.

Una digestión adaptada

Para poder digerir este extraño menú, el koala tiene un hígado, dos riñones y unos intestinos especiales. El hígado y los riñones eliminan los venenos del eucalipto para que no se intoxique. Y los intestinos albergan bacterias que destruyen parte de la celulosa coriácea de las hojas.

Papilla para el bebé

Hasta los cinco meses el pequeño koala bebe sólo leche de la madre. Después, se alimenta de una papilla especial hecha de hojas de eucalipto y de bacterias que obtiene del ano de la madre. Al cabo de un mes, el pequeño está preparado para digerir él solo la comida de adulto.

El oposum de la miel se alimenta del polen y del néctar de las flores. Con su largo hocico puede hundirse bien en la flor y lamer el néctar con la lengua.

El petauro da unos saltos impresionantes de un árbol a otro. Puede planear gracias a una gran membrana de piel que se extiende entre las patas y que le sirve de paracaídas.

Para elegir bien, el koala olisquea una a una las hojas de eucalipto.

El cuscús utiliza su larga cola como si fuera una quinta pata. Con ella puede colgarse de las ramas, pues es tan fuerte que puede aguantar todo el peso de su cuerpo.

Y además...

EL PODEROSO BUEY DE LOS BOSQUES

El gaur se oculta en la sombra de las selvas de Asia. Sale al bosque por la tarde y por la mañana temprano. A pesar de sus 800 kilos de peso, el tigre no duda en atacarlo.

UN MAMÍFERO CON ESCAMAS

El pangolín tiene escamas óseas que lo protegen de las picaduras de insectos, que son sus presas. Este carnívoro vive en las selvas tropicales de Asia y de África.

REFUGIO EN LOS ÁRBOLES

En las selvas de Sri Lanka el macaco de gorro pasa la mayor parte del tiempo en los árboles, ya que en tierra es perseguido por los perros.

MURCIÉLAGOS BOCABAJO

En las selvas tropicales, algunos murciélagos no cazan insectos. Localizan los frutos maduros y se cuelgan de los árboles para mordisquearlos.

EL MONO MÁS TRASNOCHADOR

Es el mono de noche. Con sus grandes ojos y sus gruesas cejas, parece una lechuza. ¡Y encima ulula como ellas! Vive en América Central.

¡QUÉ BICHO MÁS RARO!

El ornitorrinco pasa la mitad de su tiempo en tierra y la otra mitad en los ríos de las

selvas de Australia. Este curioso animal tiene pico y pone huevos. ¡Pero no es un ave! La hembra produce leche que le sale por los poros de la piel. Las crías se alimentan lamiendo la piel de la madre.

UN MONO CON CINCO PATAS

El muriqui es un mono araña de Brasil. Usa la cola como si fuera una quinta pata. Gracias a esta extremidad sensible, se agarra a las ramas y puede coger hojas y frutos con las manos.

GRAN NILGÓ

El nilgó es un antílope de pelaje gris azulado del tamaño de un caballo. Vive en las selvas tropicales secas y poco frondosas del norte de la India.

EL PRIMO DEL CHIMPANCÉ

El chimpancé es un primate, igual que el hombre. Su primo más cercano, el bonobo o chimpancé enano, no fue descubierto hasta 1929. Vive en la selva tropical al sur del río Zaire, en África. Hoy quedan menos de 10 000 ejemplares.

TRÁFICO

El guacamayo jacinto es muy buscado por su plumaje azul. El cazador furtivo que captura uno lo vende por 10 euros a un traficante. Y luego en Europa se llegan a pagar hasta 50 000 euros por esta ave... si es que llega viva.

PRIMO DE LA JIRAFA

El okapi es uno de los animales más grandes de las selvas tropicales de África. Come por la noche utilizando la lengua para coger flores y frutos de los árboles.

ELEFANTES EN LA SELVA

Una especie de elefantes vive en las selvas tropicales de Asia, donde habita gracias a su tamaño pequeño. El elefante asiático (en la foto), es también más pequeño que el de la sabana y suele vivir en la selva.

TRAJE DE CAMUFLAJE

Las alas de la mariposa Morpho tienen un brillo azul metálico. Pero cuando descansa sus alas cerradas son marrones, y así la mariposa pasa inadvertida.

UN PICO DE RECIÉN NACIDO

El tucán toco es el más grande de los tucanes. Tiene un pico rojo de 20 cm de largo. Pero cuando sale del huevo el pollo tiene el pico de color rosa.

SALTIMBANQUI

El gibón tiene los brazos más largos que las piernas. Los usa para desplazarse por los árboles de las selvas de Asia. Se balancea y se agarra a ramas que están a más de tres metros de distancia.

LOS TRUCOS DEL TAPIR

Gracias a su forma alargada, los tapires se mueven entre la maleza de las selvas tropicales de América del Sur. Y, para escapar de los jaguares o de los pumas, se lanzan al agua de los ríos.

LA SERPIENTE MÁS LARGA DEL MUNDO

Es la anaconda, que puede alcanzar 10 metros de largo. Esta boa vive cerca de los ríos en las selvas tropicales de América. No tiene veneno, pero puede matar un caimán ahogándolo.

AL ACECHO SOBRE UN ÁRBOL

En África y Asia, el leopardo (o pantera) también caza en la selva.
Avanza sin ruido hacia sus presas o bien espera subido a un árbol a que pasen por debajo para saltar sobre ellas.

LA VIDA EN SUSPENSO

El perezoso pasa la noche colgado de una rama con la espalda hacia el suelo.
Sus garras autobloqueantes le permiten sujetarse sin cansarse.

Se mueve muy despacio. Su piel de color verdoso lo protege del águila harpía, que difícilmente logra verlo.

UN MONO CALVO

El uakarí rojo vive en los árboles de las selvas tropicales de América. No tiene pelo en la cara ni en la parte superior de la cabeza. A pesar de su feroz aspecto, es un apacible herbívoro.

PLUMAS DE VIVOS COLORES

Los guacamayos se encuentran entre las aves más coloridas de la selva. Los colores de sus plumas provienen de pigmentos de las frutas que picotean en la selva.

ARMADURA CONTRA LAS GARRAS

A pesar de su piel gruesa como una armadura, el armadillo es presa del puma en las selvas tropicales de América, en las que habitan. El felino lo ataca con las garras.

Los océanos tropicales

Los océanos tropicales

Los océanos tropicales ocupan casi las tres cuartas partes de la superficie de nuestro planeta. La vida animal marina es muy abundante, sobre todo cerca de las costas.

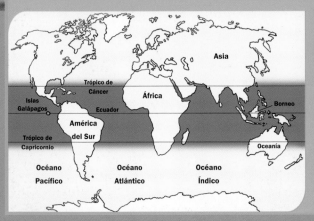

Los mares cálidos del planeta

A cada lado del ecuador y alrededor de los trópicos, el agua del mar es más cálida que en cualquier otra parte del mundo. La temperatura ronda los 25 °C. Los océanos Pacífico, Atlántico e Índico tienen todos ellos una zona ecuatorial y tropical.

Algunas partes de los océanos las denominamos «mares» por ser menos profundas. Los mares cálidos están sometidos a fenómenos climáticos que se reproducen de forma regular. Corrientes cálidas y frías, o vientos a veces muy fuertes, como los ciclones, afectan a la vida submarina.

Nacer en un mar cálido

Muchos animales marinos surcan los océanos recorriendo miles de kilómetros. Las ballenas, los delfines, las tortugas van a las zonas tropicales a reproducirse, para luego volver a emigrar. Algunos de ellos llegan hasta los polos.

Vivir bajo el agua

Para respirar, los peces tienen branquias en vez de pulmones. Otros animales practican la apnea bloqueando su respiración. Durante la evolución, el cuerpo de los animales marinos se ha ido alargando para poder deslizarse mejor en el agua.

Vivir cerca de las costas

Las aguas poco profundas atraen a los animales marinos, pues en ellas encuentran mayor cantidad de plancton con el que alimentarse que en alta mar. Pero las costas son peligrosas para ellos por la presencia del hombre y porque pueden encallar.

Los animales del manglar

El manglar es una selva tropical invadida regularmente por el mar. La mayor parte de las costas tropicales está cubierta de manglares, en los que habita una multitud de animales.

Una selva en el mar

El manglar está formado por árboles que se han adaptado a la sal, el agua caliente y el fango. Dos veces al día, cuando sube la marea, el mar invade la selva. El árbol más extendido es el mangle. Los animales marinos se alimentan de las hojas de los mangles y se refugian en sus raíces. El mangle rojo tiene raíces que forman una especie de puentes, mientras que las del mangle negro sobresalen del agua como clavos.

Raíces del mangle rojo.

Observa en la ilustración los animales que viven en el manglar de Borneo.

❶ El mono narigudo se come las hojas y las flores de los mangles.

❷ La espátula es un ave zancuda. Recibe este nombre por la forma de su pico.

❸ El macaco cangrejero busca crustáceos en el fango.

❹ El saltarín del fango es un pez que puede respirar y sobrevivir fuera del agua.

❺ El varano monitor es un lagarto de gran tamaño.

❻ La culebra de agua puede medir hasta un metro de largo.

❼ El pez cerbatana caza insectos escupiendo un largo chorro de agua.

❽ El gran cangrejo cavador sale a cazar y después vuelve a esconderse en su madriguera.

❾ El pequeño cangrejo violinista come restos de vegetales.

❿ El martinete es una garza. Acecha a las ranas sin hacer un solo movimiento.

⓫ El crótalo de Wagler caza a las presas sin bajarse de su rama.

⓬ El martín pescador de lomo rojo persigue pequeños animales marinos. Puede atacar a los cangrejos.

⓭ El chiflador de los mangles caza insectos con su pico ganchudo.

⓮ El zorro volador es un gran murciélago frugívoro (comedor de fruta). Durante el día duerme colgado de una rama.

⓯ La serpiente del manglar caza únicamente por la noche.

⓰ Algunas especies de ranas se alimentan de cangrejos pequeños.

⓱ El pequeño cangrejo fantasma corre muy deprisa sobre el lodo para escapar de sus depredadores.

⓲ Las ostras se agarran a las raíces de los mangles.

⓳ El martín pescador rechoncho se alimenta de peces pequeños.

Raíces del mangle negro.

La iguana marina

Existen más de 600 especies de iguanas en el mundo. Todas viven en tierra, excepto la iguana marina, que habita en las islas Galápagos, en el océano Pacífico. En este archipiélago aislado viven otros animales, algunos de ellos poco comunes.

Es vegetariana

La iguana pertenece a la familia de los lagartos. Casi todas son carnívoras, pero la iguana marina, en cambio, se alimenta principalmente de algas. Para comerlas necesita bucear. Es capaz de aguantar diez minutos bajo el agua sin respirar. A los cinco minutos, el corazón empieza a latirle más despacio.

La iguana marina nada muy bien gracias a su larga cola, que le sirve de remo.

CARNÉ DE IDENTIDAD

NOMBRE: iguana marina
NOMBRE CIENTÍFICO: *Amblyrhynchus cristatus*
TAMAÑO: hasta 1,20 m
PARTICULARIDADES: para expulsar el exceso de sal de la comida, primero la almacena y luego la echa en forma de cristales por los orificios nasales.

Baños de sol

Al amanecer, las iguanas se tumban a tomar el sol. Cuando la temperatura de su cuerpo supera los 30 °C, se echan al mar para buscar comida. Pero el agua enfría rápidamente su cuerpo y vuelven a salir a calentarse.

Una iguana marina en reposo

La cresta de púas le da un aspecto impresionante. Sin embargo, es un animal muy pacífico.

Los orificios nasales son glándulas especiales que le sirven para filtrar la sal.

Con la lengua capta los olores.

Las garras le permiten aferrarse a las rocas bajo el agua cuando sale a comer algas.

Los animales de las islas Galápagos

❶ Las cabras y los perros son especies introducidas por el hombre.

❷ Los otarios.

❸ Los cormoranes de las Galápagos.

❹ Las iguanas terrestres.

❺ Las tortugas terrestres.

❻ Los pingüinos.

❼ Las iguanas marinas.

❽ Los pelícanos.

❾ Las tortugas marinas.

Animales únicos

La iguana marina vive exclusivamente en las islas Galápagos. Cuando una especie existe en un único lugar del mundo, se dice que es endémica. El archipiélago de las Galápagos está constituido por una docena de islas que han permanecido desiertas durante mucho tiempo. Hace tres millones de años, llegaron a ellas animales de América del Sur, volando o por el mar, flotando en ramajes, y durante milenios han vivido aislados del resto del mundo. Por eso algunas especies de las Galápagos son únicas.

Las iguanas terrestres

En las islas Galápagos viven dos especies de iguanas terrestres que se alimentan de hojas de acacia y de cactus. Como todos los reptiles, son ovíparas, es decir, se reproducen poniendo huevos.

Las tortugas gigantes

El archipiélago de las Galápagos fue bautizado así por sus tortugas terrestres, que son diferentes en cada isla. Las de mayor tamaño pesan ¡300 kilos! Las tortugas pueden vivir hasta los cien años.

300 especies de peces

Las islas Galápagos se encuentran cerca del ecuador, pero están bañadas por corrientes de agua fría. El agua es muy abundante en pescado, lo que atrae a los pingüinos y los otarios.

El paraíso de las aves

En las islas viven cerca de treinta especies de aves. Algunas de ellas son únicas, como el cormorán de las Galápagos. Este pájaro ha ido perdiendo la costumbre de volar, por carecer de enemigos. Sus alas son tan cortas que hoy ya no sabe volar

Las tortugas marinas

Las tortugas marinas son los reptiles más grandes del mar.

Viven en el mar y prefieren las aguas cálidas de los trópicos. Sólo las hembras adultas salen a tierra, a poner los huevos.

Un animal del pasado

Las tortugas ya vivían en la época de los dinosaurios. Algunas de ellas se han adaptado al medio acuático y se han convertido en tortugas marinas. Pero pertenecen a la familia de los reptiles.

Una vida en el mar

Las tortugas marinas pasan la vida en el mar. No salen nunca a tierra, excepto para poner los huevos. Carecen de branquias y tienen que subir a la superficie a respirar. Han vivido tanto bajo el agua, que han perdido la costumbre de andar y también la de esconder la cabeza en el caparazón.

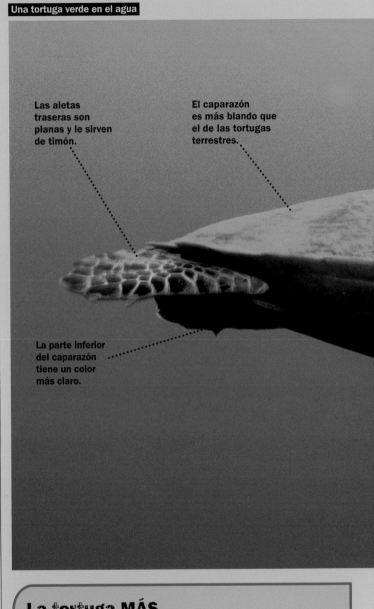

Una tortuga verde en el agua

Las aletas traseras son planas y le sirven de timón.

El caparazón es más blando que el de las tortugas terrestres.

La parte inferior del caparazón tiene un color más claro.

La tortuga carey es conocida por su magnífico caparazón. Mide menos de un metro de largo y pesa unos 50 kilos.

La tortuga MÁS...

De las siete especies de tortugas marinas, presentamos...

LA MÁS GRANDE: *la tortuga laúd, que mide hasta 1,80 m.*

LA MÁS PEQUEÑA: *la tortuga bastarda, que no llega a los 70 cm.*

LA MÁS BUSCADA: *la tortuga carey, cazada por su caparazón.*

LA MÁS VIAJERA: *la tortuga verde, que recorre miles de kilómetros.*

❶ La tortuga repta por la playa. Cava un hoyo con las aletas traseras, pone los huevos en él y los recubre de arena.

❷ Unas semanas después, los huevos se abren todos al mismo tiempo. En cuanto nacen, los bebés tortuga corren hacia el mar.

❸ Este bebé tendrá que escapar de los cangrejos y, en el agua, de los tiburones. Muchas tortugas no llegan a adultas.

Su cerebro es muy pequeño. La tortuga tiene los cinco sentidos muy poco desarrollados.

Sus aletas delanteras se mueven como remos.

El misterio de la puesta de huevos

Las tortugas hembra ponen los huevos en las playas tropicales, donde la arena es muy cálida. Siempre vuelven a la misma playa: cuando eligen una, esa es la definitiva. No se sabe todavía cómo lo hacen, pero no se equivocan nunca. Cada especie tiene su playa. El número de huevos que pone cada tortuga puede oscilar entre diez y varios centenares.

Largas migraciones

Las tortugas marinas recorren miles de kilómetros, probablemente para alimentarse. Algunas de ellas, como la tortuga verde, son vegetarianas y sólo comen algas. Otras, como las tortugas laúd, son carnívoras y comen moluscos, crustáceos y también persiguen bancos de medusas.

La tortuga laúd se caracteriza por su caparazón marcado por largas rayas en relieve.

Especies en peligro

Si en otro tiempo fueron muy numerosas, hoy las tortugas marinas están en peligro de extinción. La pesca intensiva, la contaminación del mar y la caza de huevos por parte del hombre han hecho que disminuya su población. Hoy no quedan más que siete especies de tortugas marinas.

El gran tiburón blanco

Los tiburones viven en todos los mares del mundo. La mitad de ellos mide menos de un metro, pero algunos son mucho más grandes y tienen un aspecto aterrador. Como el gran tiburón blanco, el más famoso de todos.

El cazador de los mares

El gran tiburón blanco es un feroz cazador. Este pez se halla en la cima de la cadena alimenticia. Come toda clase de animales marinos y su presa favorita es el otario. De hecho, si alguna vez ataca a los submarinistas, es porque su traje le recuerda el pelaje gris oscuro de los otarios.

El gran tiburón blanco tiene dientes afilados como cuchillas.

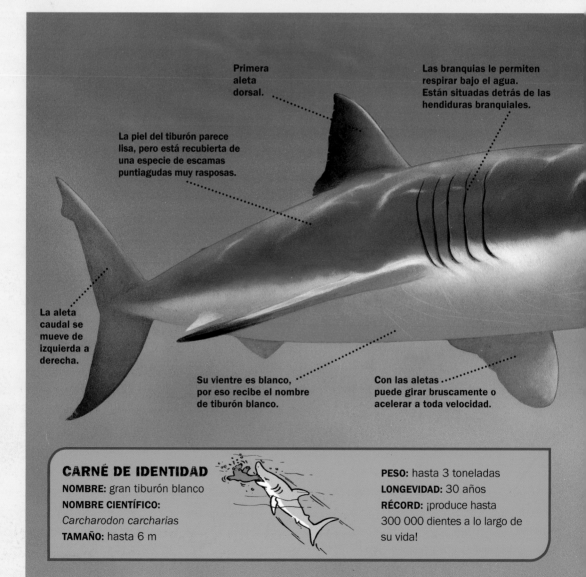

Primera aleta dorsal.

Las branquias le permiten respirar bajo el agua. Están situadas detrás de las hendiduras branquiales.

La piel del tiburón parece lisa, pero está recubierta de una especie de escamas puntiagudas muy rasposas.

La aleta caudal se mueve de izquierda a derecha.

Su vientre es blanco, por eso recibe el nombre de tiburón blanco.

Con las aletas puede girar bruscamente o acelerar a toda velocidad.

CARNÉ DE IDENTIDAD

NOMBRE: gran tiburón blanco

NOMBRE CIENTÍFICO: *Carcharodon carcharias*

TAMAÑO: hasta 6 m

PESO: hasta 3 toneladas

LONGEVIDAD: 30 años

RÉCORD: ¡produce hasta 300 000 dientes a lo largo de su vida!

Para cazar, el gran tiburón blanco se coloca por debajo de sus presas. Su dorso oscuro se confunde con el agua. Se va acercando y por fin ataca.

El tiburón gris de arrecife caza en solitario, por la noche. Por el día, nada en grupo cerca de los arrecifes.

Una gran, gran familia

Existen 385 especies de tiburones. Todas tienen en común hendiduras branquiales y un esqueleto cartilaginoso. Pero su tamaño varía mucho y puede ir de 15 centímetros a 12 metros de largo.

Tiene el olfato muy desarrollado, para poder detectar a sus presas al olor de la sangre.

Tiene varias filas de dientes triangulares. Cuando se le cae uno, nace otro enseguida para sustituirlo.

Cada cual en su casa

Cada especie de tiburones tiene su propio hábitat. Por ejemplo, el tiburón tigre o el tiburón limón viven cerca de las costas. Los tiburones «pelágicos», como el gran tiburón blanco, el tiburón martillo (o pez martillo) o el tiburón ballena, viven en alta mar, cerca de la superficie. Los tiburones «bénticos», como el tiburón nodriza (o tiburón gata) o el tiburón alfombra, viven en aguas más profundas.

¿Huevo o renacuajo?

Según la especie, los tiburones tienen dos formas de reproducirse. Algunos ponen huevos en el agua, otros dan a luz a crías que se han desarrollado protegidas en el vientre. Pero los tiburones hembra no las amamantan, como hacen los mamíferos.

Una reputación de asesino

El hombre tiene mucho miedo a los tiburones. Sin embargo, es raro que un tiburón nos ataque. Es más bien el hombre el que es peligroso para el tiburón, ya que cada año se pescan más de cincuenta millones de tiburones por su carne y por su aceite.

El tiburón martillo debe este nombre a la forma de su cabeza. Tiene los ojos situados a cada extremo.

El pez ballena es el tiburón de mayor tamaño. Mide alrededor de 7 metros, aunque algunos pueden llegar a medir 20 metros de largo.

El marrajo es el más veloz de todos. Puede alcanzar los 40 km/h, frente a los 3 km/h de los demás.

El delfín mular

Con sus aletas y su cuerpo lisos, los delfines parecen peces grandes. Sin embargo, son mamíferos perfectamente adaptados al medio acuático. Entre ellos, el delfín mular es la especie más conocida y la más estudiada.

El salto del delfín mular

La aleta dorsal lo ayuda a estabilizarse e impide que lo arrastre la corriente.

Su cuerpo tiene forma de torpedo, perfecta para deslizarse en el agua.

Su espiráculo es un agujero que tiene encima de la cabeza y que se comunica con los pulmones.

La aleta caudal es horizontal, al contrario de la de los peces. Se mueve de arriba abajo.

Las aletas pectorales son muy dirigibles. Las utiliza para controlar la dirección y para mantener el equilibro.

En el hocico, alargado en forma de pico, tiene las mandíbulas. Tiene alrededor de cien dientes, que utiliza para atrapar a sus presas.

CARNÉ DE IDENTIDAD

NOMBRE: delfín mular

NOMBRE CIENTÍFICO:

Tursiops truncatus

TAMAÑO: 2-4 metros **PESO:** 200 kilos de media.

Los machos son mucho más grandes que las hembras.

LONGEVIDAD: unos 50 años (menos de 10 años en cautividad).

RÉCORD: es la especie de delfines más popular, pero también la que está en mayor peligro de extinción.

El delfín más famoso de todos

El delfín mular es el más conocido. Por la expresión de su boca parece que está sonriendo. Se acerca mucho a las costas y se deja ver fácilmente. Ha sido muy capturado, para la realización de documentales o para ser convertido en una atracción de zoo. Sin embargo, la mitad de los delfines rara vez logra sobrevivir en cautividad.

Los delfines dan saltos de hasta 4 metros de largo y 7 de alto. En grupo dan saltos sincronizados.

El nacimiento de un delfín

1

2

3

El bebé sale del vientre de la madre con la cola por delante. Otra hembra del grupo los vigila de cerca.

La madre descansa mientras la otra hembra lleva al bebé a la superficie para que respire.

Una hora después de nacer, el bebé encuentra la glándula mamaria de su madre y empieza a mamar.

Un sónar para cazar

El delfín utiliza un sónar para localizar los bancos de peces. Lo tienen situado bajo la frente, en el cerebro, y emite ruidos de alta frecuencia. El eco devuelve estas ondas sonoras cuando chocan contra un objeto o un animal, lo que permite al delfín localizar a sus presas.

El delfín puede aguantar 20 minutos bajo el agua sin respirar.

Los delfines se comunican entre sí emitiendo diferentes sonidos. También tienen un lenguaje corporal parecido a un ballet acuático.

Cetáceos con dientes

El delfín mular es un cetáceo con dientes, o un «odontoceta», mientras que las ballenas son cetáceos con barbas. Los delfines blancos (como el beluga o el narval), los delfines de río, los cachalotes, las marsopas y las ballenas picudas también son odontocetas. Con los dientes atrapan a las presas.

Un animal sociable

Los delfines viven en grupo y disfrutan de la compañía. Los jóvenes delfines no se separan de la madre hasta los ocho años, que es un tiempo muy prolongado en el reino animal. Los delfines también son muy curiosos y buscan contacto con las otras especies animales y con el hombre.

Un arrecife de coral

En los mares tropicales, las costas y, sobre todo, las islas están bordeadas por arrecifes de coral. Son uno de los medios más ricos del planeta, multicolores y llenos de vida. Aquí tenemos uno por el día y por la noche.

La tortuga carey hembra sale a la playa a poner los huevos y luego vuelve al mar.

La pastinaca o raya eléctrica mide 2,50 metros de largo. En el extremo de la cola tiene uno o dos aguijones venenosos.

El pez león posee unas aletas alargadas. Sus espinas cargadas de veneno son terribles. También recibe el apodo de pez escorpión.

El pez mariposa de hocico largo puede hurgar por todos los rincones del arrecife en busca de comida.

Los peces del arrecife

Los arrecifes de los corales tropicales atraen a miles de peces, que encuentran en ellos comida y casa. Por eso podemos encontrar en un solo arrecife hasta cuatro mil especies de peces. Viven en aguas poco profundas, cálidas y transparentes.

Los peces cirujanos viven en bancos en aguas poco profundas. Deben su nombre a dos espinas que tienen escondidas a cada lado de la cola. Están afiladas como un bisturí de cirujano y las sacan cuando se hallan en peligro.

Pececillos extraños

Muchos peces de los arrecifes tienen un cuerpo compacto, y eso hace que sean menos rápidos, pero más ágiles para girarse. Su nombre muchas veces recuerda su forma peculiar: pez loro, pez piedra, pez trompeta...

El pez mariposa tiene una mancha en forma de ojo. Sus enemigos confunden la cabeza con la cola.

Colores para camuflarse

Los corales tienen formas y colores muy variopintos.

También los peces tropicales tienen colores vivos que forman complicados dibujos. De este modo se esconden fácilmente en los corales.

Algunos adoptan aspecto de alga, como el dragón de mar, de la familia de los hipocampos.

Otros adoptan forma de roca, como el pez piedra.

Otros animales marinos se vuelven transparentes, como las gambas.

Trucos para defenderse

Muchos peces tropicales se alían con algún depredador.

Por ejemplo, el pez payaso limpia los desechos de la anémona, y a cambio la anémona lo protege entre sus tentáculos sin comérselo.

El pez rana es casi invisible. Imita la forma y los colores de los corales.

8 De noche, el pez loro segrega un líquido pegajoso que esconde su olor y lo protege así de sus depredadores.

9 El pez trompeta se ha acercado a un banco de peces sin ser visto. Se separa del pez ángel, que le ha servido de tapadera.

10 El aguaviva o carabela portuguesa es prima de las medusas. Sus filamentos son extremadamente venenosos y los extiende para cazar peces.

11 La manta raya dobla los cuernos en forma de embudo para atrapar mejor crustáceos y plancton.

12 El plancton se compone de miles de animalillos diminutos y de algas. Sirve de alimento a muchos animales marinos.

13 Las barracudas son peces carnívoros. Cazan en grupo para cercar a las presas.

El pez erizo hincha el vientre de agua y eriza las púas cuando se acerca un peligro.

El pez martillo, sorprendido por la brusca transformación del pez erizo, prefiere no acercarse.

La concha tritón es el único depredador de la corona de espinas. Se la come sin temer sus púas.

DROCHON

14 La medusa come por la noche. Sube a la superficie, pues por la noche es ahí donde está el plancton.

15 Las gorgonias son corales. Parecen esculturas muy finas y frágiles.

16 El mero es un pez solitario que prefiere los fondos rocosos.
Vive en una gruta y sólo sale para comer peces y moluscos.

❶ La anémona de mar es una especie de coral con tentáculos flexibles y venenosos.

❷ El pez payaso está inmunizado contra el veneno de la anémona y se refugia entre sus tentáculos.

❸ El pez ángel se alimenta de algas que mordisquea.

❹ El pez trompeta tiene el cuerpo alargado y delgado. Para cazar, se esconde pegándose a un pez herbívoro, por ejemplo el pez ángel.

❺ La concha tritón es un molusco. Su caracola gira en espiral. Se alimenta de otros moluscos, de erizos de mar y de estrellas de mar.

❻ La almeja gigante es un molusco bivalvo: la concha se compone de dos partes. Puede medir 90 cm.

❼ El pez loro posee unos robustos dientes que le permiten mordisquear los corales. Desecha en forma de arena la parte calcárea.

El tiburón martillo tiene los ojos muy separados, lo que le proporciona un campo de visión muy amplio. Es una ventaja para cazar peces, como por ejemplo rayas e incluso otros tiburones.

El pez erizo parece un pez cualquiera... hasta que se encuentra en situación de peligro.

La corona de espinas es una estrella de mar espinosa que tiene multitud de brazos. Es una devoradora de coral. A su paso no deja más que un esqueleto calcáreo.

El diablo de los mares

Es el apodo de la raya manta. Los marineros de la antigüedad la llamaban así por su impresionante tamaño, ya que efectivamente es uno de los peces más grandes del mundo. ¡Puede pesar hasta 3 toneladas! Las mantas raya se reúnen en las aguas cálidas de los arrecifes en abril, durante el periodo de reproducción, y luego se vuelven hacia alta mar.

Como muchos peces del arrecife, el pez ángel real tiene un cuerpo compacto. Esta forma le permite colarse mejor entre los corales.

La manta raya, de frente y de espaldas

Los ojos a los lados le dan una visión panorámica. Detrás de cada ojo tiene un espiráculo que conduce el agua a las branquias.

Los cuernos le sirven de timón, aunque también los usa para atrapar peces.

Las aletas pectorales ondean como si fueran alas. De un extremo al otro de las aletas, la raya mide 7 metros.

La cola puede medir 2,50 metros de largo. No es venenosa, pues la raya tiene muy pocos depredadores.

Las branquias le sirven no sólo para respirar, sino también para alimentarse, ya que filtran el agua y retienen el plancton.

Un universo en peligro

Los corales se desarrollan en colonias. Producen caliza y así van formando rocas o arrecifes.

Muchos están en peligro por culpa de la contaminación, por algunos métodos de pesca y también por los ciclones.

A pesar de su aspecto de reptil, las morenas son peces. Por el día se quedan escondidas en los agujeros de las rocas. Por la noche cazan pulpos, calamares y sepias. Su terrorífica cabeza da a entender que son agresivas. Sin embargo, sólo muerden a los humanos cuando son molestadas.

El coral, un extraño animal

El coral es un animal. Su cuerpo tiene una estructura de tipo pólipo. Tiene forma de bolsa y mide unos 3 cm de diámetro como mucho; tiene la «boca» rodeada de tentáculos venenosos. El pólipo acoge en su interior un alga que produce oxígeno y que le permite respirar.

Las criaturas abisales

El fondo de los océanos es muy vertiginoso, está lleno de fosas que se llaman abismos. Es un medio todavía muy desconocido, por ser casi inaccesible. Sin embargo, a profundidades entre los 3 000 y los 6 000 metros, en una oscuridad total, hay vida animal.

Algún resplandor en la noche

Por debajo de los 1 000 metros de profundidad la oscuridad es total. Sin embargo, se ven brillar resplandores azulados. Los emiten animales de los abismos gracias a una reacción química de su cuerpo denominada bioluminiscencia. Los animales la utilizan para atraer a sus presas.

Comida realmente escasa

En este mundo de oscuridad no hay vegetales. Los peces son por lo tanto carnívoros u omnívoros. Se alimentan de restos de animales muertos que flotan. Esta falta de comida hace que muchos de estos animales sean muy pequeños. Sólo su boca es enorme, ¡para capturar hasta la miguita más pequeña!

El fuerte peso del agua

En el fondo del mar miles de toneladas de agua ejercen una presión insoportable. Los peces abisales la resisten gracias a que sus órganos están llenos de líquido.

Del frío al calor

La temperatura del agua no supera los 2 ºC, pero cerca de las fuentes de agua caliente se desarrollan bacterias. Los peces ahorran energía quedándose inmóviles con la boca abierta de par en par para atrapar las bacterias y... ¡todo lo que se les ponga por delante!

Los habitantes del fondo del océano
En la imagen hemos reunido a varios animales de las profundidades. Pero en realidad, en la naturaleza viven alejados unos de otros.

1
2
3
4
5

1. El granadero de roca sube a los 1 000 m para comer crustáceos.

2. Los gusanos tubícolas se alimentan de bacterias.

3. El cangrejo blanco trepa cerca de las chimeneas hidrotermales, que alcanzan los 300 °C.

4. El melanostigma mordisquea los gusanos tubícolas.

5. Estos moluscos abisales están emparentados con el mejillón.

6. El cachalote baja a 3 000 metros.

7. Los peces hacha viven más arriba, entre 400 y 700 metros.

8. El calamar gigante mide 15 metros. Es el invertebrado más grande del mundo.

9. El rape abisal tiene una lucecilla que atrae a sus presas.

10. El pez dragón emite una luz roja más discreta.

11. Los calamares abisales miden 5 centímetros.

12. El pez víbora tiene dientes de un tamaño desmesurado.

13. El pez trípode se apoya sobre sus aletas para acechar a sus presas.

14. Las quisquillas son alimento de los peces.

15. El pez pelícano tiene un vientre elástico y puede comer de todo.

16. El pez pescador tiene los dientes cubiertos de un gel luminiscente.

17. La hembra del haplophryne mollis lleva a dos machos en el vientre.

Y además...

AMIGO DE LOS TIBURONES

Algunos peces acompañan a los tiburones. El pez rémora se agarra a su aleta gracias a una ventosa que tiene en la cabeza. El tiburón lo transporta y, a cambio, el pez elimina sus parásitos.

MONO EN PELIGRO

El mono narigudo vive exclusivamente en la isla de Borneo. Es una especie protegida, pero su

población disminuye cada vez más por culpa de la deforestación.

PIEL PUNZANTE

La estrella de mar pertenece a la misma familia que los erizos de mar y las holoturias. Es la familia de los equinodermos, que significa «piel de erizo».

PATAS AZULES

El alcatraz de patas azules es un ave palmípeda que tiene largas patas de un sorprendente color azul. Esta ave marina vive sobre todo en las islas Galápagos, pero la encontramos también al oeste de Méjico. Es un excelente pescador. Se lanza al agua desde 25 metros de altura y sale algunos metros más allá para salir volando otra vez. Una especie emparentada es el alcatraz de patas rojas, pero sus colores no son tan espectaculares.

VENENO MORTAL

El pez piedra parece un bloque de piedra cubierto de algas. Con este aspecto pasa inadvertido, espera a que se le acerquen otros peces y los aspira por la boca. Además, tiene una espina en la espalda que inyecta un veneno mortal.

REFUGIO EN EL AGUA

Cuando el lagarto de cresta ve una rapaz en el cielo, salta al agua. ¡Su cresta formada de escamas puntiagudas no basta para protegerlo!

TIBURÓN GLOTÓN

El tiburón tigre mide de 3 a 5 metros. Come todo lo que puede llevarse a la

boca: tortugas, medusas, esqueletos y desechos marinos. Tiene un apetito voraz que lo convierte en un animal muy peligroso.

EL ZARAPITO TRINADOR

Es un ave migratoria que pasa el invierno en el manglar, en las costas tropicales. Tiene el pico largo y curvado, con el que remueve el barro en busca de pequeños invertebrados. También picotea para atrapar cangrejos.

TORTUGAS GIGANTES

Quedan dos especies de tortugas gigantes. Una en las islas Galápagos y la otra en las Seychelles. Sus enormes patas no tienen palmas, sino que terminan en garras. Estas tortugas pueden vivir hasta 150 años.

¡LADRONA!

La fragata es un pájaro muy grande, cuyas alas miden más de 2 metros de envergadura. Para alimentarse, o bien mete rápidamente el pico en el agua, o bien persigue a los alcatraces para robarles sus presas.

SACO INCORPORADO

El pelícano, una de las aves marinas de mayor tamaño, tiene una bolsa situada bajo el pico. En ella caben peces grandes de más de 5 kilos.

UNA IGUANA TERRESTRE

En las Galápagos viven varias especies de reptiles. La iguana terrestre es una especie en peligro de extinción.

MONO AL AGUA

El macaco cangrejero vive en Indonesia y en Tailandia. Este mono sabe nadar muy bien. Se alimenta de pequeños crustáceos que se encuentra en el barro de los manglares.

CETÁCEOS CON DIENTES

Los cetáceos dentados pertenecen a la familia de los odontocetas, constituida por los delfines, las orcas, los cachalotes, las ballenas picudas y las marsopas, que se parecen a pequeños delfines.

LA BUENA VIDA

En las islas, los animales tienen pocos depredadores. Son menos miedosos y más grandes que sus primos de los continentes.

EL ESCUPIDOR DE SAL

Si se traga en grandes cantidades, la sal del mar es venenosa. Por eso algunos animales marinos la expulsan a través de los orificios nasales, como hace, por ejemplo, el cocodrilo marino.

EL PLANCTON

En el agua del mar viven organismos microscópicos que forman el plancton. El plancton vegetal o fitoplancton está compuesto de algas microscópicas que sirven de alimento a diminutos animales marinos, que forman el zooplancton.

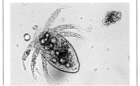

UNA LARGA APNEA

El delfín puede pasar un buen rato bajo el agua sin respirar gracias a sus glóbulos rojos, que son muy numerosos y pueden almacenar una gran cantidad de oxígeno.

ALAS, PARA QUÉ OS QUIERO

El cormorán de las Galápagos es un pájaro único en el

mundo, pues sus alas son muy pequeñas y rígidas. Se dice que están atrofiadas. Este cormorán no ha tenido muchos depredadores en las islas, por lo que poco a poco ha ido perdiendo la costumbre de huir volando. Debido a esta peculiaridad recibe el nombre de cormorán áptero, que significa «cormorán sin alas».

UN ANILLO EN EL OCÉANO

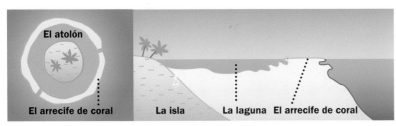

El atolón · El arrecife de coral · La isla · La laguna · El arrecife de coral

Los arrecifes de coral pueden formar una barrera en forma de anillo. En el medio se forma una laguna de agua poco profunda separada del océano. Se denomina atolón el conjunto que forman la barrera y la laguna. A veces puede haber una isla en el centro.

La gran familia

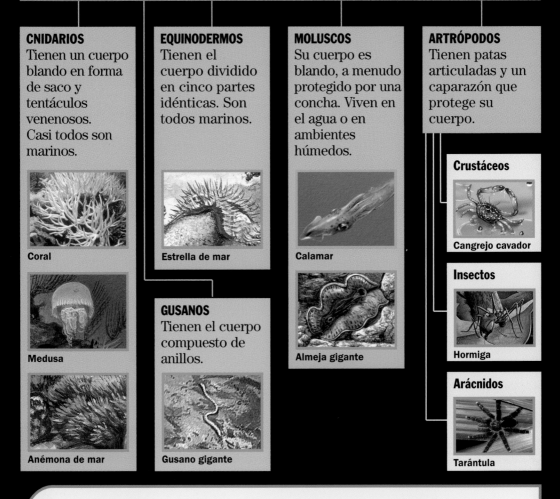

LOS INVERTEBRADOS
Tienen el cuerpo blando y sin esqueleto. Algunos tienen un caparazón o una concha.

CNIDARIOS
Tienen un cuerpo blando en forma de saco y tentáculos venenosos. Casi todos son marinos.

Coral

Medusa

Anémona de mar

EQUINODERMOS
Tienen el cuerpo dividido en cinco partes idénticas. Son todos marinos.

Estrella de mar

GUSANOS
Tienen el cuerpo compuesto de anillos.

Gusano gigante

MOLUSCOS
Su cuerpo es blando, a menudo protegido por una concha. Viven en el agua o en ambientes húmedos.

Calamar

Almeja gigante

ARTRÓPODOS
Tienen patas articuladas y un caparazón que protege su cuerpo.

Crustáceos

Cangrejo cavador

Insectos

Hormiga

Arácnidos

Tarántula

Los científicos clasifican a los animales en un gran árbol genealógico. En las ramas contiguas forman grupos que tienen características comunes. Busca* en este árbol los animales que has visto en el libro.

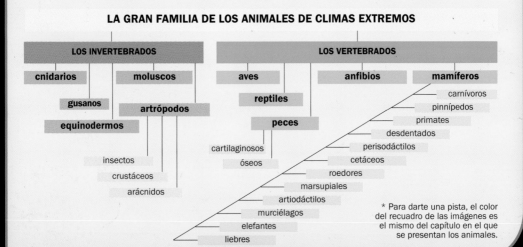

LA GRAN FAMILIA DE LOS ANIMALES DE CLIMAS EXTREMOS

LOS INVERTEBRADOS

cnidarios
gusanos
equinodermos

moluscos
artrópodos
insectos
crustáceos
arácnidos

LOS VERTEBRADOS

aves
reptiles
peces
cartilaginosos
óseos

anfibios

mamíferos
carnívoros
pinnípedos
primates
desdentados
perisodáctilos
cetáceos
roedores
marsupiales
artiodáctilos
murciélagos
elefantes
liebres

* Para darte una pista, el color del recuadro de las imágenes es el mismo del capítulo en el que se presentan los animales.

de los animales al límite

LOS VERTEBRADOS
Tienen columna vertebral, que sujeta los huesos del esqueleto.

AVES
Tienen el cuerpo a temperatura constante y su piel fabrica plumas. Respiran con pulmones.

Búho nival

Pingüino real

Albatros errantes

Cóndor de los Andes

Avestruz

Guacamayo

REPTILES
Su cuerpo adopta la temperatura ambiente. Su piel es seca y fabrica escamas unidas entre ellas. Respiran con pulmones.

Pez de arena

Víbora cornuda

Cocodrilo del Nilo

Caimán negro

Tortuga carey

Iguana marina

PECES
Su cuerpo adopta la temperatura ambiente. Su piel fabrica escamas no unidas entre sí. Respiran a través de branquias.

Peces cartilaginosos

Gran tiburón blanco

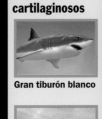

Raya eléctrica

Peces óseos

Pez cirujano

Pez loro

Pez león

Morena

ANFIBIOS
Su cuerpo adopta la temperatura ambiente. Su piel es lisa y húmeda. Respiran por la piel y por los pulmones.

Sapo cisterna

Ranita arborícola

Dendrobates pumilio

Dendrobates

Rana cangrejera

La gran familia

LOS VERTEBRADOS

MAMÍFEROS
Tienen el cuerpo a temperatura constante. Su piel está recubierta de pelo.

CARNÍVOROS

Oso polar

Leopardo de las nieves

Feneco

Suricata

Licaón

Guepardo

Hiena

PINNÍPEDOS

Foca de Groenlandia

Morsa

Foca cangrejera

Elefante marino

Leopardo marino

Otario

PRIMATES

Gorila de montaña

Chimpancé

Orangután

Lémur

Mandril

Macaco cangrejero

Mono narigudo

PERISODÁCTILOS

Rinoceronte blanco

Cebra

Tapir

DESDENTADOS

Armadillo

Yurumí

Oso hormiguero

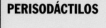

de los animales al límite

Respiran por los pulmones. La hembra amamanta a sus crías.

CETÁCEOS

Ballena de Groenlandia

Orca

Narval

Ballena jorobada

Ballena azul

Delfín

MARSUPIALES

Canguro

Koala

ROEDORES

Lemming

Rata canguro

Jerbo

Puercoespín

ARTIODÁCTILOS

Buey almizclero

Caribú

Órix del Cabo

Dromedario

Gacela de Thomson

Jirafa

Hipopótamo

ELEFANTES

Elefante africano

Elefante asiático

MURCIÉLAGOS

Zorro volador

LIEBRES

Liebre ártica

Liebre de California

Índice alfabético

Gracias a la redacción de la revista Images Doc,
y en especial a Catherine Béchaux, redactora jefe,
a Emmanuel Mercier, director artístico,
y a Marc Beyné, jefe de la sección Ciencias y redactor de Animales

Viñetas humorísticas: Michel Beurton
Color: Dominique Thomas, Arielle Cambessédès, Alice Gilles, Patrice Eglin

Ilustraciones: Denise Bazin 148-149; André Boos 16-17, 91, 133;
Franck Bouttevin 109; Christophe Drochon 6, 36, 79, 96, 104-105,
110-111, 122-123, 134, 136-137,139, 142,143, 158-159;
Emmanuelle Etienne 70-71, 114-115; Cathy Gaspoz 6, 28-29;
Donald Grant 85, 116; Gilbert Houbre 18-19, 98-99, 107, 126-127, 151.
Gérard Marié 55, 62-63, 76-77, 82, 92-93, 94-95, 113, 116, 117,
128-129, 131, 132, 141, 142, 143, 154-155, 161;
Emmanuel Mercier 40, 59, 80-81; Olivier Nadel 42-43;
Lorenzo Orlandi 83; Fabio Pastori 6, 14, 30, 124-125, 162-163
Caroline Picard 157; Jean-Marie Poisseneau 22-23
Marie Winter 64, 143; Nicolas Wintz 31; Tom Sam You 107

Infografías Images Doc: 30, 48, 49, 165

Mapas de presentación de los hábitats: Alice Gilles

Todas las fotografías del presente libro pertenecen a las agencias del grupo GHFP.